essentials

Essentials liefern aktuelles Wissen in konzentrierter Form. Die Essenz dessen, worauf es als „State-of-the-Art" in der gegenwärtigen Fachdiskussion oder in der Praxis ankommt. Essentials informieren schnell, unkompliziert und verständlich.

- als Einführung in ein aktuelles Thema aus Ihrem Fachgebiet
- als Einstieg in ein für Sie noch unbekanntes Themenfeld
- als Einblick, um zum Thema mitreden zu können.

Die Bücher in elektronischer und gedruckter Form bringen das Expertenwissen von Springer-Fachautoren kompakt zur Darstellung. Sie sind besonders für die Nutzung als eBook auf Tablet-PCs, eBook-Readern und Smartphones geeignet.

Essentials: Wissensbausteine aus den Wirtschafts, Sozial- und Geisteswissenschaften, aus Technik und Naturwissenschaften sowie aus Medizin, Psychologie und Gesundheitsberufen. Von renommierten Autoren aller Springer-Verlagsmarken.

Marion Lemper-Pychlau

Erfolgsfaktor gesunder Stolz

Wie Sie Ihre Selbstzweifel loswerden und Ihr Leben genießen

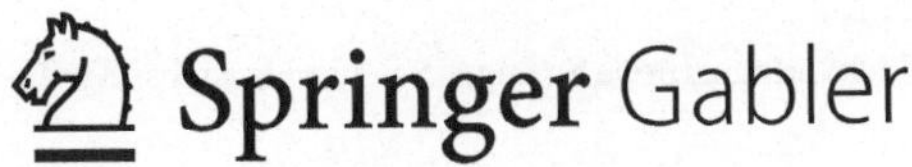

Marion Lemper-Pychlau
Winner's Lodge
Königstein im Taunus
Deutschland

ISSN 2197-6708 ISSN 2197-6716 (electronic)
essentials
ISBN 978-3-658-11005-5 ISBN 978-3-658-11006-2 (eBook)
DOI 10.1007/978-3-658-11006-2

Die Deutsche Nationalbibliothek verzeichnet diese Publikation in der Deutschen Nationalbibliografie; detaillierte bibliografische Daten sind im Internet über http://dnb.d-nb.de abrufbar.

Springer Gabler

Gedruckt auf säurefreiem und chlorfrei gebleichtem Papier

Springer Fachmedien Wiesbaden ist Teil der Fachverlagsgruppe Springer Science+Business Media (www.springer.com)

Was Sie in diesem Essential finden können

- Eine Ermutigung, sich an Ihren Leistungen zu freuen
- Eine Einladung, Ihr Selbstverständnis zu reflektieren
- Gründe, warum gesunder Stolz gut und förderlich ist
- Viele Belege für die Gefahren durch unproduktive Selbstzweifel
- Überzeugende Argumente, Ihr Selbstbild eigenverantwortlich zu gestalten
- Eine Erklärung, wie das Selbstwertgefühl entsteht
- Viele Anleitungen, wie Sie mehr Stolz und Lebensfreude entwickeln

Vorwort

„Mit mir ist es komisch. Ich *kann* so viel!“ Mit diesen Worten beginnt Astrid Lindgren eine Geschichte über Lotta aus der Krachmacherstraße. Die kleine Heldin ist stolz und glücklich. Entdeckt sie doch jeden Tag staunend neue Fähigkeiten an sich. Es ist, als würde sie einen Schatz heben. Mit jeder Entdeckung wachsen ihr Selbstvertrauen und ihre Lebensfreude.

Die meisten von uns waren einmal so wie Lotta. Aber dann ist irgendetwas mit uns geschehen. Stolz und Selbstvertrauen weichen schließlich der Angst, nicht zu genügen und den Herausforderungen des Lebens nicht gewachsen zu sein. Zweifel stellen sich ein. Die kindliche Zuversicht ist verschwunden und macht der Sorge Platz. „Schaffe ich meine Arbeit?“, „Habe ich mich richtig verhalten?“, „Bin ich attraktiv/interessant/liebenswert genug?“ Fragen wie diese gehen vielen von uns durch den Kopf. Für manch einen werden sie quälend. Hinzu kommt die Furcht, jemand könne herausfinden, wie defizitär wir im Grunde sind. Wir fühlen uns verfolgt vom Schreckgespenst der Demaskierung. Aber wir sprechen über all das nicht, wir lassen uns nichts anmerken, denn wir finden es peinlich, so schwach zu sein. Zu den bohrenden Selbstzweifeln gesellt sich also auch noch die Einsamkeit. Dabei sind wir mit diesem Problem keineswegs allein. Aber da sich kaum jemand zu seiner inneren Unsicherheit bekennen will, nimmt jeder an, es ginge nur ihm allein so. Tatsächlich leiden wir umso mehr unter den eigenen Selbstzweifeln, weil wir die der anderen nicht kennen. Ansonsten könnten wir das Problem relativieren und gelassener damit umgehen.

Der Mangel an Selbstvertrauen überschattet so manches Leben. Oft ist uns nicht einmal bewusst, wie sehr das Ringen um ein wenig mehr Selbstachtung unser alltägliches Verhalten steuert. Das ist ebenso unbefriedigend wie traurig. Daher müssen wir uns dem Problem stellen. Dieses Buch zeigt auf, welcher Schaden durch Selbstzweifel entsteht und warum wir uns ihnen nicht einfach überlassen dürfen. Sie erfahren außerdem etwas über die Beschaffenheit und Entstehung der Selbstachtung. Schließlich zeige ich Ihnen, wie Sie Ihre Selbstzweifel loswerden und durch Selbstvertrauen ersetzen.

Eines ist sicher: Wir kommen immer nur so weit, wie unser Selbstvertrauen reicht! Erfolg ist Kopfsache. Es lohnt sich deshalb, dem Selbstvertrauen höchste Priorität einzuräumen. Es wäre gut, wenn es uns gelänge, etwas von unserer früheren Zuversicht zurückzugewinnen. Denn auch, wenn wir längst erwachsen geworden sind, gibt es noch Schätze zu heben und wir können uns mit so mancher Fähigkeit selbst überraschen. Ich wünsche Ihnen, dass Sie Ihre kindliche Entdeckerfreude wiedergewinnen und Ihre Kompetenz mit Stolz genießen.

Königstein, im Sommer 2015 Marion Lemper-Pychlau

Inhaltsverzeichnis

1 Gefährliche Selbstzweifel

Haben Sie schon einmal bemerkt, wie oft die Menschen um Sie herum beachtet und bestätigt werden wollen? Welche Mühe sie sich zuweilen geben, um ein wenig Aufmerksamkeit und Bewunderung zu erhalten? Manche benehmen sich dabei eher plump, andere wiederum agieren eher subtil. Aber sie alle treibt dasselbe Bedürfnis an, es quält sie derselbe Mangel: Sie wollen spüren können, dass sie in Ordnung sind und wertvoll für andere. Sie hoffen unbewusst, endlich an sich selbst glauben zu können, wenn andere es ihnen vormachen. Sie wollen von der Bestätigung der anderen genährt werden, weil sie nicht in der Lage sind, sich selbst zu bestätigen. Ihr schwaches Selbstwertgefühl lässt sie unablässig an sich zweifeln. Sie bedienen sich vieler Methoden und Techniken, um sich endlich wertvoller fühlen zu können. Dabei schaden sie ungewollt sich selbst und anderen.

Diese Selbstwahrnehmung ruft nicht nur schmerzliche Gefühle hervor, sondern sorgt auch für ernste Probleme. Denn Gefühle erzeugen Gedanken, die Gedanken bestimmen das Handeln und handelnd schaffen wir Wirklichkeit. Unser reales Leben spiegelt immer wider, was wir von uns selbst halten. Eine negative Selbstwahrnehmung ist nicht dazu geeignet, ein erfülltes und reiches Leben zu ermöglichen. Sie blockiert vielmehr den Lebensfluss und lenkt einen Großteil der Lebensenergie in das ständige Bemühen um Bestätigung des Ich. Selbstzweifel stellen eine Bedrohung für das psychische Gleichgewicht dar und sie erzeugen negative Effekte, die nicht unterschätzt werden dürfen.

Das verzweifelte Bemühen um ein wenig Selbstvertrauen und Selbstachtung ist der heimliche Motor für die unterschiedlichsten Verhaltensweisen. Oft handeln die Betroffenen ohne Überlegung und das ausschlaggebende Motiv bleibt ihnen selbst und ihrer Umgebung verborgen. Sie nutzen unbewusste Abwehrmechanismen, um

M. Lemper-Pychlau, *Erfolgsfaktor gesunder Stolz,* essentials,
DOI 10.1007/978-3-658-11006-2_1

sich vor dem Schmerz der Minderwertigkeit zu schützen. Einige davon werden nachfolgend beschrieben. Auf diese Weise lassen sich Selbstzweifel jedoch nicht beseitigen. Sie bestimmen das Handeln auch weiterhin. Abwehrmechanismen können keine akzeptable Lösung für ein angeschlagenes Selbstwertgefühl sein, da sie zu unangemessenen und oft sogar schädlichen Verhaltensweisen führen.

Hier folgen zehn Beispiele für Probleme, die durch ein zu schwaches Selbstwertgefühl entstehen können:

1.1 Das Hochstapler-Syndrom

Die Betroffenen streben Erfolge an, weil jeder große Erfolg als Beweis für ihren Wert dienen kann. Haben sie ihr Ziel aber schließlich erreicht, glauben sie nicht daran, den Erfolg verdient zu haben. Sie kommen sich vor wie Betrüger, die damit rechnen müssen, demnächst entlarvt zu werden. Zwar haben sie sich größte Mühe gegeben, erfolgreich zu sein, können sich dann aber mit ihrem Erfolg nicht identifizieren. Obgleich sie alles daran setzen, bestätigt zu werden, begegnen sie anschließend der Bestätigung mit Misstrauen und Unglauben. Sie schreiben ihre Erfolge den Umständen zu, nicht ihren eigenen Fähigkeiten. Deshalb können sie das Erreichte nicht genießen. Die Furcht davor, sich letzten Endes als unfähig zu erweisen und als Blender bloßgestellt zu werden, ist einfach zu groß. Für diesen Effekt sind gleich mehrere Denkfehler verantwortlich:

- Die Betroffenen nehmen sich selbst verzerrt wahr: Sie gewichten ihre Schwächen und Defizite sehr stark. Gleichzeitig machen sie sich ihre Stärken nicht genügend bewusst und halten ihre Fähigkeiten für selbstverständlich.
- Sie überschätzen die Fähigkeiten ihrer Mitmenschen und fühlen sich ihnen unterlegen.
- Sie haben zu hohe Ansprüche an sich selbst. Damit erzeugen sie ein beständiges Gefühl der Unzulänglichkeit. Auch ein beeindruckender Erfolg kann ihnen dieses Gefühl nicht nehmen.

Auf diese Weise entsteht eine paradoxe Situation: Der ersehnte Erfolg ruft nicht etwa Freude und Stolz hervor, sondern wird von Angst und Unbehagen begleitet.

Aber damit nicht genug: Auch im privaten Lebensbereich gibt es das Hochstapler-Syndrom. Wer darunter leidet, ist überzeugt, nicht liebenswert zu sein. Erfährt er Liebe und Zuneigung, befürchtet er, sein Gegenüber könne herausfinden, dass er dieser Gefühle nicht würdig ist.

1.2 Negative Gefühle

Es liegt auf der Hand, dass permanente Selbstzweifel eine große emotionale Belastung darstellen. Sie stehen der Lebensfreude im Weg, erzeugen Traurigkeit, Frustration oder sogar Schuldgefühle. Für Menschen mit gesundem Selbstwertgefühl ist es kaum vorstellbar, welches Leid Selbstzweifel hervorrufen können. Sie zwingen die Betroffenen zu einer Fixierung auf ihren Selbstwert. Das Leben ist nicht unbeschwert, vielmehr kann jede Situation zu einer Bedrohung werden. „Habe ich das gerade richtig gemacht?“, „Hoffentlich denkt mein Gegenüber jetzt nicht schlecht von mir!“, „Bin ich hier überhaupt willkommen?“ Diese und viele ähnliche Gedanken beschäftigen die Selbstunsicheren ständig. Dadurch entsteht eine große Verletzlichkeit und Überempfindlichkeit. Auch harmlose Bemerkungen oder kleine Ungeschicklichkeiten anderer werden sofort als Beleg für deren Geringschätzung interpretiert. Alles wird persönlich genommen. Da die Betroffenen im Grunde von ihrer Unzulänglichkeit überzeugt sind, finden sie täglich Belege dafür. Hingegen fällt es ihnen schwer, Anerkennung und Bestätigung anzunehmen. Sie stellen sie sofort in Frage und können sich nur selten darüber freuen.

Es ist sehr schmerzlich, so gering von sich selbst zu denken. Im Extremfall entstehen Scham und Selbsthass als Folge dieser negativen Selbstwahrnehmung.

1.3 Abhängigkeit

Wer seinen eigenen Wert bezweifelt, ist geneigt, sich an der Einschätzung der anderen zu orientieren. „Was halten die anderen von mir? Bin ich klug/liebenswert/interessant/tüchtig/gutaussehend?“ etc. Die Betroffenen sind dauernd auf der Suche nach Anzeichen, die ihnen Informationen über ihren Wert liefern könnten. Sie achten daher sehr genau darauf, wie andere Menschen mit ihnen umgehen.

Daraus entsteht zwangsläufig eine große Abhängigkeit. Selbstunsichere Menschen können sich vorübergehend großartig fühlen, wenn sie sich wertgeschätzt und angenommen fühlen. Da sie allerdings nicht wirklich von ihrem Wert überzeugt sind, hält der Effekt nicht an. Schon bald benötigen sie eine neue Dosis Bestätigung. Sie sind darauf angewiesen, permanent genährt zu werden. Das macht sie sehr anstrengend für ihre Umgebung.

Ihre emotionale Abhängigkeit birgt darüber hinaus auch eine reale Gefahr: Denn wer sich als bedürftig erweist, kann manipuliert werden. Darin liegt gerade bei selbstunsicheren Menschen in Machtpositionen ein nicht zu unterschätzendes Risiko.

1.4 Angst vor Zurückweisung

Wer keine hohe Meinung von sich selbst hat, erwartet auch nicht, dass andere ihn schätzen. Er rechnet damit, ignoriert oder gar abgelehnt zu werden. Um sich den Schmerz der Zurückweisung zu ersparen, bedienen sich die Betroffenen verschiedener Strategien:

Eine Möglichkeit besteht darin, anderen Menschen keine Angriffsfläche zu bieten, indem man sich zurückhält und möglichst unauffällig benimmt. Das bedeutet beispielsweise, keine eigene Meinung oder gar Kritik zu äußern, nichts für sich zu fordern, sich an die Norm anzupassen und alles zu vermeiden, was Aufmerksamkeit erregen könnte. Auf diese Weise wird man geradezu unsichtbar und ist somit auch vor Angriffen und Verletzungen geschützt.

Andere Betroffene suchen Deckung in der Dienstfertigkeit. Sie legen es darauf an, sich beliebt zu machen, indem sie eifrig Erwartungen erfüllen. Sie denken, wenn sie anderen nützlich sind oder sich gar unentbehrlich machen, würden sie Anerkennung und Zuneigung gewinnen. Sie glauben, als Person nicht zu genügen und erst durch ihr selbstloses Handeln einen Wert zu erlangen. In extremen Fällen verleugnen sie dabei ihre eigenen Bedürfnisse und opfern sich für andere auf.

Die Angst vor Zurückweisung macht es ihnen fast unmöglich, zu sich selbst zu stehen. Deswegen greifen die Betroffenen häufig zu Rechtfertigungen und Entschuldigungen, mit denen sie andere besänftigen wollen. Es ist, als wollten sie sagen: „Bitte, bitte, sei mir nicht böse, das ertrage ich nicht." Und natürlich fällt es ihnen auch sehr schwer, sich gegen andere zu behaupten. Denn mit jedem Akt der Abgrenzung riskieren sie, abgelehnt zu werden. Indem sie darauf verzichten, ihren Platz zu behaupten, begehen die Betroffenen Verrat an sich selbst. Sie zeigen kein Rückgrat und können somit anderen auch kein echtes, persönliches Gegenüber sein. Als Gesprächspartner werden sie schnell uninteressant.

1.5 Mangelnde Feedbackfähigkeit

Feedback ist unentbehrlich, um Prozesse zu optimieren. Wie wir mit Feedback umgehen, bestimmt unseren Erfolg, privat wie beruflich. Daher muss jeder von uns sowohl positive wie auch negative Rückmeldung annehmen können. Beides fällt schwer, wenn das Selbstwertgefühl gering ist.

Die Betroffenen können positives Feedback oft nicht annehmen. Ein Kompliment ist ihnen geradezu peinlich. Sie denken selbst so gering von sich, dass sie widersprechen, wenn man ihnen etwas Anerkennendes sagt. Es ist ihnen unangenehm, derart bestätigt zu werden, obgleich sie doch im Grunde nichts so sehr wünschen wie Bestätigung. Gleichzeitig stoßen sie mit der Zurückweisung der Anerkennung ihr Gegenüber vor den Kopf.

Ähnlich problematisch verhält es sich mit negativem Feedback: Es kann eine große Bedrohung für das Selbstwertgefühl darstellen. Menschen mit einem negativen Selbstbild empfinden Kritik als besonders schmerzlich. Negative Rückmeldung trifft sie an ihrer Achillesferse. Sie reagieren darauf meist tief verletzt oder sehr aggressiv. Das kann beispielsweise dazu führen, dass es niemand in ihrem Umfeld mehr wagt, sie zu kritisieren. Zuweilen flüchten sie auch in die Arroganz. Ihre demonstrative Selbsterhöhung soll sie u. a. unangreifbar machen.

1.6 Fehlender und übertriebener Ehrgeiz

Das Niederkämpfen der Selbstzweifel kann zu gegensätzlichen Handlungsweisen führen:

Die einen suchen vor allem Sicherheit. Wenn ihr Alltag berechenbar ist, brauchen sie keine neuen Herausforderungen zu fürchten, an denen sie scheitern könnten. Ihr schwaches Selbstvertrauen lässt sie Herausforderungen meiden. Sie trauen sich zu wenig zu. Darum mögen sie keine Experimente. Zu groß ist die Angst vor Überforderung und Scheitern. Damit würden sie ihrer eigenen Überzeugung nach nur ihre Wertlosigkeit demonstrieren. Daher fühlen sie sich am wohlsten, wenn ihr Leben geordnet ist und sie mit allem, was täglich auf sie zukommt, vertraut sind. Da sie sich dem Unerwarteten nicht gewachsen fühlen, bleiben sie am liebsten bei dem, was sie kennen und können. Sie vermeiden es zudem aufzufallen, denn jeder, der Profil zeigt, macht sich angreifbar. Das würden sie nicht ertragen. Vielen von ihnen gelingt es, ein Leben zu führen, das von Gewohnheiten und Berechenbarkeit bestimmt wird. So können sie sich sicher fühlen. Der Preis ist allerdings hoch: Er besteht in lebenslangem Stillstand. Diese Menschen schöpfen ihr Potenzial nicht aus. Sie verfolgen keine ehrgeizigen Ziele, sondern bleiben meist weit hinter dem zurück, was sie sein, tun und haben könnten, wenn sie nicht so ängstlich wären.

Die anderen suchen die Herausforderung, um sich zu beweisen. Übertriebener Ehrgeiz gehört zu den am wenigsten durchschauten Abwehrmechanismen, da Leistung in unserer Gesellschaft hoch bewertet wird. Viele der Betroffenen streben nach Führungspositionen, sind sehr leistungsstark und erfolgsorientiert. Sie wollen sichtbare Ergebnisse vorweisen können, wollen auffallen und bewundert werden. Es ist, als würden sie rufen: „Seht her, was ich geleistet habe! Das ist doch wohl Beweis genug für meinen Wert!“ Sie brauchen den Erfolg, um sich wertvoll fühlen zu können. Ihr Ehrgeiz dient ihnen als Waffe gegen ihre Selbstzweifel. Das funktioniert allerdings nur bedingt. Denn im Grunde besteht die Überzeugung, nicht gut genug zu sein, trotz aller Erfolge fort. Das führt dazu, dass diese Menschen immer wieder neue Beweise für ihren Wert vorlegen müssen. Sie sind Getriebene, die mitunter ohne Rücksicht auf ihre begrenzten Ressourcen von Erfolg zu Erfolg hetzen. Es geht ihnen nicht in erster Linie um die Sache, um ihre Aufgabe, sondern darum, vor sich und den anderen gut dazustehen. Dafür bezahlen sie nicht selten mit ihrer Gesundheit.

1.7 Idealisierung oder Geringschätzung anderer

Ein negatives Selbstbild führt fast immer dazu, dass man sich kein unverzerrtes Bild von anderen machen kann. Die Wahrnehmung ist vielmehr von der eigenen Selbstwertproblematik bestimmt.

Oftmals laufen die Betroffenen mit einer negativ getönten Brille herum. Sie sehen bei sich selbst und bei anderen vor allem Fehler und Defizite. Alles Positive wird für selbstverständlich gehalten und fällt deswegen nicht auf. Das wirkt sich natürlich auf die Kommunikation aus: Menschen mit geringer Selbstachtung zeigen oftmals auch sehr wenig Achtung für andere. Sie mäkeln und kritisieren an ihnen herum, machen keinen Hehl daraus, wie unzufrieden sie mit ihren Mitmenschen sind. Sie entwerten häufig, ohne sich dessen bewusst zu sein. Zu selbstverständlich ist ihnen ihre negative Sichtweise. „Um fremden Wert willig und frei anzuerkennen und gelten zu lassen, muss man eigenen haben.", erkannte Arthur Schopenhauer. Auf der Basis starker Selbstzweifel können keine gesunden Beziehungen entstehen, in denen Menschen wachsen und einander stützen. Eins von vielen Beispielen, wie sehr ein negatives Selbstbild die Beziehungsfähigkeit einschränkt.

Es gibt aber auch die gegenteilige Sichtweise: Manchmal führt ein negatives Selbstbild dazu, dass sich die Betroffenen permanent mit Menschen vergleichen, die ihnen in irgendeiner Form überlegen sind. Dann fühlen sie sich selbst minderwertig, während sie die anderen bewundern oder sogar idealisieren. Ihre Haltung ist demütig. Sie erhöhen andere, indem sie sich selbst kleiner machen.

1.8 Ungeschickte Selbstinszenierung

Der Alltag erfordert, dass wir uns anderen angenehm machen und uns überall gut verkaufen können. Wir müssen in der Lage sein, uns ins rechte Licht zu rücken, Vertrauen und Sympathie zu gewinnen. Wir müssen ständig Werbung für uns machen. Das setzt natürlich voraus, dass wir uns selbst positiv sehen. Wer nicht selbst von sich überzeugt ist, kann schwerlich andere von sich überzeugen. Hier sind Selbstzweifel sehr hinderlich. Wer sich seines Wertes und seiner Fähigkeiten nicht ausreichend sicher ist, handelt sich mit seiner Unsicherheit massive Nachteile ein, ganz gleich, wie kompetent er tatsächlich ist. „Jeder Mensch gilt in dieser Welt nur so viel, als wozu er sich selbst macht.“, mahnte schon Knigge 1788.

Menschen mit Selbstzweifeln ist dieser Zusammenhang häufig nicht klar. Sie arbeiten zu wenig an ihrer Selbstwahrnehmung und ihrem Selbstbild. Stattdessen sind sie in extremer Weise um ihre Außenwirkung besorgt. Sie machen sich viele Gedanken darüber, wie sie auf andere wirken. Oft sind sie derart darauf konzentriert, Eindruck zu machen, dass sie darüber den Sachaspekt und ihr Gegenüber vernachlässigen. Damit bewirken sie das Gegenteil von dem, was sie erreichen wollen: Statt zu beeindrucken, demonstrieren sie lediglich ihre Selbstfixierung und tiefe Bedürftigkeit.

Sicheres Auftreten und eine gekonnte Selbstinszenierung lassen sich nur schwer einstudieren. Denn der Selbstwert wird nicht zuletzt körpersprachlich vermittelt und es ist kaum möglich, mit dem Körper zu lügen. Selbstdarstellung muss authentisch sein. Daher wird jeder, der an sich selbst zweifelt, diese Zweifel auch in anderen wecken.

1.9 Mangelnde Beziehungsfähigkeit

Starke Selbstzweifel erzeugen eine hohe Bedürftigkeit. Sie wirkt sich negativ auf die Beziehungsfähigkeit aus. Menschen, die nicht in sich ruhen, können sehr anstrengende Beziehungspartner sein. Sie erweisen sich oft als überempfindlich und wollen permanent bestätigt werden. Sie brauchen das Gefühl, in Ordnung und wichtig für ihr Gegenüber zu sein. Gleichzeitig empfinden sie großes Misstrauen, wenn man ihnen Anerkennung und Zuneigung schenkt. Denn sie selbst zweifeln ja zutiefst daran, dergleichen zu verdienen. So senden sie ihrem Gegenüber widersprüchliche Botschaften: „Sag mir, wie wertvoll ich bin! – Ich glaube dir kein Wort!“

Während sie selbst dringend Bestätigung und Ermutigung brauchen, sind sie ihrerseits nicht in der Lage, andere zu bestätigen und zu ermutigen. Es ist so gut wie ausgeschlossen, aus tiefstem Herzen etwas zu verschenken, was man selbst nicht besitzt. Dadurch erhält jede Beziehung eine Schieflage: Geben und Nehmen befinden sich nicht in der Waage.

Hinzu kommt noch, wie bereits erwähnt, die Unfähigkeit, andere Menschen realistisch einzuschätzen. Die Selbstunsicherheit verleitet die Betroffenen dazu, ihr Gegenüber zu idealisieren oder zu verteufeln. Beides wird ihm nicht gerecht und belastet die Beziehung schwer.

Als Folge dieser Zusammenhänge kommt es dann zu einem Teufelskreis: Der von Selbstzweifeln geplagte Mensch hofft, dass die anderen ihn aufrichten und ihm seine Zweifel nehmen werden. Da er aber schädliche und unbefriedigende Beziehungsmuster schafft, wird er in Beziehungen häufig frustriert. Das bestätigt ihn erneut in seiner negativen Selbstwahrnehmung.

1.10 Machtlosigkeit

Die Unmöglichkeit, auf der Basis von Selbstzweifeln gut funktionierende Beziehungen zu schaffen, bringt noch einen weiteren Nachteil mit sich, nämlich Machtlosigkeit. Menschen mit Selbstzweifeln können kein Charisma aufbauen, ihre negative Selbsteinschätzung schadet ihrer Ausstrahlung. Sie ringen anderen Menschen nur wenig Respekt und Vertrauen ab. Vielmehr zeugen ihr Auftreten und ihre Lebensführung von ihrem mangelnden Selbstvertrauen, ihrer fehlenden inneren Stärke. Diese Schwäche teilt sich der Umgebung unweigerlich mit. Daher sind andere nicht bereit, sich von ihnen beeinflussen und führen zu lassen. Man schenkt ihnen wenig Beachtung, nimmt ihre Botschaften nicht sonderlich ernst und wählt sie auch nicht zum Vorbild.

Selbstunsichere Menschen flüchten zuweilen in die autoritäre Rolle, um ihre innere Schwäche zu kompensieren. Aber ihr machtvolles Gebaren wird von der Umgebung meist schnell durchschaut und schadet ihrem Ansehen nur noch mehr. Man nimmt sie nun erst recht nicht für voll, auch wenn man zuweilen ihre autoritären Ausbrüche fürchtet. Schwache Menschen in Machtpositionen können zum ernsten Problem werden: Sie besitzen nicht genug persönliche Ausstrahlung, mit der sie anderen Respekt und Vertrauen einflößen könnten. Oft bleibt ihnen dann nur noch ihr autoritäres Auftreten, um sich durchzusetzen. Sie müssen andere mittels Machtanwendung wie Drohungen und Strafen zur Unterwerfung zwingen, weil ihnen freiwillig niemand folgen mag.

Diese zehn Auswirkungen eines schwachen Egos stellen nur eine Auswahl dar. Sie beschreiben das Problem keineswegs umfassend. Führt man sich die Not der Betroffenen vor Augen, ist man versucht, dem amerikanischen Schriftsteller Henry David Thoreau Recht zu geben, der den erschreckenden Satz formulierte: „Die meisten Menschen führen ein Leben der stillen Verzweiflung."

Manche der durch Selbstzweifel erzeugten Probleme entstehen unmittelbar aus dem mangelnden Selbstvertrauen, wie beispielsweise das Hochstapler-Syndrom oder die Beziehungsunfähigkeit. Andere ergeben sich aus dem unbewussten Versuch, mittels Abwehrmechanismen den Schmerz der vermeintlichen Minderwertigkeit zu lindern. Typische Abwehrmechanismen sind u. a. Arroganz oder übertriebener Ehrgeiz. Aus ihnen entsteht nichts Gutes. Sie sind nicht geeignet, das geschädigte Selbstwertgefühl zu reparieren, sie führen höchstens zu einer vorübergehenden Besserung. Die tiefe Sehnsucht danach, sich endlich intakt zu fühlen, kann auf diese Weise niemals befriedigt werden. Denn Abwehrmechanismen werden Selbstzweifel nicht dauerhaft zerstreuen. Dafür schaffen sie aber neue Probleme. Wer beispielsweise arrogant auftritt, macht sich Feinde.

1.11 Selbstwert als moralische Verpflichtung

Die Situation lässt nur einen Schluss zu: Das schwache Ego muss effektiv gestärkt werden. Wir brauchen Strategien, die geeignet sind, eine dauerhafte Besserung herbeizuführen. Das liegt nicht nur im Interesse des betroffenen Individuums, sondern im Interesse der Gemeinschaft. Denn die Selbstzweifel des Einzelnen wirken sich auch auf die Umgebung nachteilig aus und können anderen sehr schaden. Ich persönlich bin sogar zutiefst davon überzeugt, dass das Böse immer von den Schwachen kommt. Für sie wird Macht leicht zur Droge. Nur schwache Menschen haben das Bedürfnis, andere zu entwerten und zu beherrschen. Sie quälen andere, um die eigenen Qualen weniger spüren zu müssen. Sie delegieren ihr eigenes Elend an andere. Starke Menschen haben das nicht nötig. Da sie in sich ruhen und auf gute Weise mit sich selbst umgehen, können sie auch wohlwollend mit anderen Menschen umgehen. Sie fühlen sich durch sie nicht bedroht, können sie von ganzem Herzen anerkennen und müssen niemandem ihre eigene Überlegenheit beweisen. Daher sehe ich in der Kultivierung des Selbstwertgefühls nicht nur eine lohnende Aufgabe, sondern geradezu eine moralische Verpflichtung.

Es ist noch nicht lange her, dass die Stärkung des Individuums dem gesellschaftlichen Interesse entgegenstand. Pflichterfüllung und Unterwerfung unter die bestehende Ordnung bildeten zentrale Werte. Noch im späten neunzehnten Jahrhundert waren Gehorsam und Demut das erklärte Ziel der Kindererziehung. Heute sehen wir manches anders, aber nach wie vor gilt Bescheidenheit als Tugend. Wie viel Selbstachtung und Stolz sind angebracht und moralisch akzeptabel? Besteht nicht die Gefahr der Überheblichkeit, wenn wir das Selbstwertgefühl stärken? Werden wir dadurch nicht möglicherweise zu größenwahnsinnigen Egomanen? Führen uns nicht gewissenlose Wirtschaftsbosse und Politiker vor, wie gefährlich ein übergroßes Ego sein kann?

Tatsächlich dürfte es kaum möglich sein, zu viel Selbstwertgefühl aufzubauen. Schließlich kann man auch nicht zu viel Gesundheit haben. Ein gesundes Selbstwertgefühl hat nichts zu tun mit wirklichkeitsfremder Selbsterhöhung. Selbstbewusstsein ist nicht zuletzt das Bewusstsein der eigenen Grenzen. Der starke Mensch weiß um seine Unvollkommenheit, kennt seine Verletzlichkeit und hat gelernt, beides zuzulassen und zu akzeptieren. Seine Stärke liegt gerade darin, dass er liebevoll damit umgehen kann. Er versucht nicht, größer und besser zu sein, als er tatsächlich ist. Er kann sich bescheiden mit dem, was er ist. Diese Form der Bescheidenheit erlaubt ihm aber sehr wohl, sich an seinem Können zu freuen und stolz auf sich zu sein. Damit erhebt er sich nicht etwa über andere, sondern genießt einfach nur all das, was naturgemäß im Bereich seiner Möglichkeiten liegt. In seinem Stolz manifestiert sich pure Lebensfreude.

2 Selbstbild, Selbstachtung, Selbstvertrauen

Die Art, wie wir uns selbst wahrnehmen, formt unser Selbstbild. Ausschlaggebend sind dabei immer unsere inneren Überzeugungen, nicht etwa objektiv beobachtbare Eigenschaften. Beim Selbstbild handelt es sich also um ein ganz und gar subjektives Phänomen. Es besitzt größte Relevanz für unser Schicksal, denn es entscheidet über unseren Lebensweg: Mit einer positiven Sicht auf das eigene Ich entsteht nicht nur ein hohes Maß an Selbstachtung; vielmehr schaffen wir uns damit auch Chancen. Mit einem negativen Selbstbild hingegen nehmen wir uns Chancen. Denn unser Selbstbild bestimmt über das Ausmaß unseres Selbstvertrauens. Beide verhalten sich proportional zueinander: Je positiver das Selbstbild ausfällt, desto mehr trauen wir uns zu. Mit ausreichendem Selbstvertrauen sind wir für die unterschiedlichsten Herausforderungen gerüstet. Wir begegnen ihnen unerschrocken und zuversichtlich, werden mit Schwierigkeiten und Widrigkeiten fertig, wir lassen uns nicht so schnell entmutigen und verfolgen unsere Ziele ausdauernd. Genau diese Haltung führt häufig zum Erfolg. Sowohl das Selbstbild als auch das Selbstvertrauen neigen dazu, sich immer wieder selbst zu bestätigen. Darum ist es ungemein wichtig, dass wir unser Selbstbild mit Umsicht gestalten. Wir dürfen anderen oder dem Zufall nicht gestatten, unsere Überzeugungen zu bestimmen.

► Was wir von uns selbst glauben, liegt ab einem gewissen Alter allein in unserer eigenen Verantwortung. Und jeder Mensch kann lernen, etwas für den eigenen Selbstwert zu tun – sofern er oder sie zur Selbstverantwortung und gedanklichen Arbeit – manchmal sehr harten Schwerstarbeit des Umdenkenlernens bereit ist und dabei auch nach Rückschlägen und Durchhängern weitermacht.

M. Lemper-Pychlau, *Erfolgsfaktor gesunder Stolz*, essentials,
DOI 10.1007/978-3-658-11006-2_2

2.1 Die Entstehung des Selbstbildes

Bislang kann die Wissenschaft noch nicht mit einer umfassenden Theorie der Selbstachtung aufwarten. Sicher ist aber: Zu Beginn unseres Lebens sorgen wir uns noch nicht um unseren Wert, wir machen uns keinerlei Gedanken, ob wir liebenswert oder begabt sind. Stattdessen sind wir ganz selbstverständlich in der Welt, geben unseren Bedürfnissen und Gefühlen unzensiert Ausdruck. Es existiert noch kein Selbstkonzept und daher auch keine Selbstachtung. Das Selbstbild entsteht erst nach und nach auf der Basis der Rückmeldungen, die wir von unserer Umgebung erhalten. Diese Rückmeldung fällt niemals nur positiv aus. Auch Eltern, die ihre Kinder innig lieben, schmälern meist unbedacht deren Selbstachtung. Sie senden Botschaften wie: „Kannst du nicht mal fünf Minuten still sein?!“, „Was ist denn jetzt schon wieder los?“, „Stell dich doch nicht immer so an!“ usw. Das Kind muss daraus zwangsläufig den Schluss ziehen: Ich bin nicht interessant für die Großen, ich nerve, meine Gefühle sind unangemessen usw. Es begreift, dass etwas mit ihm nicht in Ordnung ist und dass es deshalb nicht uneingeschränkt auf die Liebe und Zuwendung der Erwachsenen zählen darf, dass Bedingungen daran geknüpft sind. Das Kind muss diese Bedingungen erfüllen, damit die Liebe wiederkommt. Es bleibt ihm nichts anderes übrig, als sich anzupassen, denn es ist existentiell abhängig von der Liebe seiner Bezugspersonen. Leider übernimmt das Kind dabei gleichzeitig die Maßstäbe der Erwachsenen und kann sich selbst dann auch nur noch lieben, wenn es sein Verhalten an diesen Maßstäben ausrichtet. Das Kind identifiziert sich mit den Erwartungen der Großen und hält sich nicht für liebenswert, so wie es ist. Darum beginnt es sich zu inszenieren und vergisst darüber sein wahres Selbst. Die ursprüngliche Selbstverständlichkeit des Seins ist gebrochen und hat der Angst Platz gemacht: der Angst, entlarvt und missachtet zu werden.

Auch später im Leben können bestimmte Erfahrungen an diese alte Angst rühren und sie übermächtig werden lassen. Wer beispielsweise vom Partner verlassen wird, seinen Job verliert oder aufgrund einer Krankheit nicht mehr „funktioniert“, erlebt häufig einen überwältigenden Einbruch seines Selbstwertgefühls. Sogar alltägliche Vergleiche können sehr bedrohlich für das mühsam errichtete Selbstbild sein. So ist es kaum vorstellbar, dass über eine Milliarde verkaufter Barbiepuppen ohne Einfluss auf das Frauenideal geblieben sind. Sie haben gewiss ihren Anteil an den Selbstzweifeln vieler Frauen.

Hinzu kommt, dass wir ein Leben lang vom Urteil der anderen abhängig bleiben. Das Selbstbild beruht nicht ausschließlich auf der eigenen Bewertung der Person. Niemand kann sich einreden, die Meinung der anderen sei völlig irrelevant für sein Selbstbild. Vielmehr spiegeln wir uns beständig in den Augen unserer

Umgebung. Dabei sind wir besonders empfindlich für soziale Zurückweisung. Wir können nicht verhindern, dass Kritik zumindest eine kleine Unannehmlichkeit darstellt. Für viele von uns ist sie sogar weit mehr.

All diese Faktoren lassen das Selbstbild zu einer fragilen Angelegenheit werden. Zwar legen die Bezugspersonen das Fundament dafür bereits in der frühen Kindheit, aber auch später gibt es viele Faktoren, die sich schädlich auf die Selbstachtung auswirken können. Wir kommen nicht umhin, unser Bemühen um ein gesundes und förderliches Selbstbild zur lebenslangen Aufgabe zu machen.

2.2 Die Theorie von William James

Die Botschaften aus der frühen Kindheit, soziale Vergleiche, persönliche Katastrophen und Schicksalsschläge, die kritischen Augen der Mitmenschen – all diese Faktoren haben Einfluss darauf, wie wir uns selbst wahrnehmen. Fast könnten sie uns glauben lassen, wir hätten nur wenig eigenen Einfluss auf unser Selbstbild und das Ausmaß unseres Selbstvertrauens. Dem ist aber nicht so.

Der amerikanische Philosoph William James erkannte, dass die objektiv beobachtbaren Fähigkeiten einer Person in keinem unmittelbaren Zusammenhang mit deren Selbsteinschätzung stehen müssen. So gibt es inkompetente Menschen, die sich durch ausgeprägte Selbstgefälligkeit auszeichnen, während sich manche Genies unzureichend fühlen. Diese Beobachtung lässt nur einen Schluss zu: Nicht die tatsächlichen Erfolge sind für das Selbstbild ausschlaggebend, sondern die Kriterien, nach denen wir Erreichtes beurteilen. William James entwickelte sogar eine Formel für seine Beobachtung:

$$\text{Selbstachtung} = \frac{\textit{Erfolge}}{\textit{Ansprüche}}$$

Das Gute daran ist: Unsere Ansprüche können wir bewusst verändern. Wenn unangemessen hohe Ansprüche an das eigene Handeln Erfolgserlebnisse verhindern, brauchen wir also nur unsere Ansprüche auf ein realistisches Maß herabzuschrauben – und schon fühlen wir uns besser. Wie das auch Ihnen gelingt, erfahren Sie in Kap. 3. Dann wird es möglich, subjektiv erfolgreich zu sein und Stolz zu empfinden. Denn mit der Zahl der Erfolge steigt auch die Selbstachtung. Auf diese Weise kann so manchem chronischen Perfektionisten geholfen werden. Denn Perfektionismus ist kein Erfolgsrezept, sondern ein Abwehrmechanismus. Wer sich gar zu sehr um seine Ideale bemüht, setzt sich einerseits bis zur Verbissenheit unter Druck und erzeugt damit andererseits neue Probleme. „Ideale haben merkwürdige Eigenschaften, unter anderem die, dass sie in ihr Gegenteil umschlagen, sobald man sie verwirklicht", warnte der Schriftsteller Robert Musil.

Aber als heilsam erweist sich zuweilen nicht nur eine Korrektur der eigenen Ansprüche nach unten: Ebenso können wir zu niedrige Ansprüche an uns selbst heraufschrauben. Dann nehmen wir mehr Herausforderungen an, lernen und wachsen. Darin liegt ebenfalls eine Möglichkeit, die Selbstachtung zu stärken.

Die Formel von William James wird auch der Tatsache gerecht, dass wir nicht alle die gleichen Voraussetzungen mitbringen. Was dem einen aufgrund seiner Erziehung oder seiner natürlichen Begabung selbstverständlich und nicht der Beachtung wert erscheint, kann für einen anderen eine große Leistung darstellen, die er mit viel Anstrengung erringt und auf die er zu Recht stolz sein darf. Es gibt eben keinen objektiven und allgemeingültigen Maßstab für die Beurteilung einer Leistung. Wenn wir das eigene Handeln angemessen würdigen wollen, brauchen wir dafür individuelle Maßstäbe. Sie können durch das Urteil der anderen beeinflusst werden, können aber auch davon abweichen. Es liegt an uns, die Erfolgskriterien zu definieren. „Der Gerichtshof ist im Inneren des Menschen aufgeschlagen.", konstatiert Immanuel Kant. Alles hängt davon ab, welche Richtlinien wir für die Beurteilung des eigenen Verhaltens wählen. Je wertvoller unser Handeln in unseren eigenen Augen erscheint, desto mehr steigt unsere Selbstachtung.

2.3 Die Rolle der Eigenverantwortung

Selbstachtung ist kein fester Charakterzug, sondern ein Mentalzustand, der variieren kann. Das bedeutet: Auch die Stärksten unter uns kennen das Gefühl der Verunsicherung. Nicht in der Entstehung von Selbstzweifeln liegt das eigentliche Problem, sondern im Umgang damit. Während sie für einige von uns nur eine vorübergehende Erfahrung darstellen, werden sie für andere zum dauerhaften und erschütternden Bestandteil ihrer Selbstwahrnehmung.

► In beiden Fällen dürfen wir nicht darauf hoffen, dass andere uns retten. Zum einen haben die anderen meist genug mit sich selbst zu tun und kämpfen mit ihren eigenen Selbstzweifeln. Zum anderen ist es der Umwelt gar nicht möglich, das Selbstwertgefühl eines anderen Menschen zu reparieren. Die positive Rückmeldung der anderen nutzt wenig, wenn wir innerlich vom Gegenteil überzeugt sind. Hingegen können Missachtung und Kritik die Selbstachtung gründlich unterminieren. Wir müssen also lernen, wie wir ein möglichst stabiles Selbstbild aufbauen, das einerseits so unabhängig wie möglich von äußerer Bestätigung ist und andererseits negativem Feedback standhält. Selbstachtung will stetig genährt werden. Es ist eine Arbeit, bei der wir uns zwar durch andere unterstützen lassen können, die wir aber letzten Endes selbst tun müssen. Wir brauchen einen Umgangsstil, den wir täglich zur Stärkung der Selbstachtung praktizieren können. Reparatur und Aufrechterhaltung des Selbstwertgefühls stellen immer eine Eigenleistung dar und erfordern persönliche Initiative.

Der Aufbau von Selbstachtung und Selbstvertrauen kann auf vielerlei Weise stattfinden. Es gibt zahlreiche Möglichkeiten, wie wir ein positives Selbstbild schaffen und stabilisieren können. Einige davon werden nachfolgend beschrieben. Wichtig ist dabei, die Aufmerksamkeit nach innen auf das eigene Ich zu richten und weniger auf die Außenwirkung zu setzen. Natürlich ist es von großer Bedeutung, wie wir auf andere wirken. Urteilen die anderen positiv über uns, sind Erfolge leichter zu bewerkstelligen. Aber die Richtung muss stimmen: Wirkung erzeugt man von innen nach außen, nicht umgekehrt. Erst müssen wir von uns selbst überzeugt sein, um andere überzeugen zu können. Nichts ist bedeutsamer für unser Leben als die Art, wie wir über uns selbst denken.

Es kann die Ehre dieser Welt
Dir keine Ehre geben,
Was dich in Wahrheit hebt und hält,
Muss in dir selber leben.
Wenn's deinem Innersten gebricht
An echten Stolzes Stütze,
Ob dann die Welt dir Beifall spricht,
Ist all dir wenig nütze.
Das flücht'ge Lob, des Tages Ruhm
Magst du dem Eitlen gönnen;
Das aber sei dein Heiligtum:
Vor dir bestehen können.
Theodor Fontane

3 Strategien für mehr Selbstachtung

Selbstzweifel gehen immer auf ein unzureichendes Selbstwertgefühl zurück. Sie sind nicht etwa Ausdruck einer gesunden Selbstkritik, sondern entspringen der tiefen Überzeugung, nicht zu genügen. Selbstzweifel machen traurig, ängstlich und unfrei. Darum ist es wichtig, etwas dagegen zu unternehmen. Aber woran merken Sie, dass Handlungsbedarf besteht? Gibt es konkrete Hinweise darauf, wann es an der Zeit ist, etwas für die Selbstachtung zu tun?

Grundsätzlich sollten wir uns natürlich bestimmte Haltungen und Handlungsweisen angewöhnen, die der Selbstachtung förderlich sind. Denn da sie eine solch fragile Konstruktion darstellt, müssen wir jederzeit auf Schwankungen gefasst sein. Kleinere Durchhänger können leicht vorkommen. Dann ist es nützlich, wenn wir wissen, wie wir uns schnell wieder stabilisieren können.

Wie es um Ihre Selbstachtung bestellt ist, merken Sie vor allem daran, wie Sie sich in herausfordernden Situationen fühlen. Wie geht es Ihnen in einer Wettbewerbssituation, was empfinden Sie angesichts eines Misserfolgs und wie gehen Sie mit Kritik oder Widerspruch um? Seien Sie ein wohlwollender (!) Beobachter Ihrer eigenen Gedanken und Gefühle! Dann finden Sie schnell heraus, wie groß Ihr Handlungsbedarf ist.

Niemand muss sich mit schmerzlichen Selbstzweifeln quälen! Wenn wir erwachsen sind, wird Persönlichkeit zu einer Frage der Entscheidung. Sie können Ihre Persönlichkeit formen und die Person werden, die zu sein Sie beschließen. Die Veränderung erfordert natürlich Mühe und beinhaltet einen Lernprozess. Aber das Ergebnis rechtfertigt auf jeden Fall all die Anstrengungen: Sie sind nicht länger auf Ihre inneren Gewohnheiten beschränkt und werden frei, sich auf das Leben mit all seinen Reichtümern einzulassen.

Sie finden nachfolgend eine Auflistung von Möglichkeiten, wie Sie Ihre Selbstachtung stärken können. Suchen Sie sich einfach einige Interventionen aus, die

M. Lemper-Pychlau, *Erfolgsfaktor gesunder Stolz,* essentials,
DOI 10.1007/978-3-658-11006-2_3

Ihnen besonders zusagen und beginnen Sie sofort, an sich zu arbeiten. Mit vielen kleinen Schritten können Sie große und dauerhafte Erfolge erzielen. Überfordern Sie sich nicht und genießen Sie den Prozess! Auch Rückschläge sind normal. Bleiben Sie immer wieder dran, es lohnt sich.

3.1 Überzeugungen verändern

Selbstliebe kultivieren

Wie gehen Sie mit sich selbst um? Sind Sie sich selbst ein guter Freund? Behandeln Sie sich selbst liebevoll, indem Sie

- tröstend mit sich selbst sprechen, wenn Ihnen etwas misslungen ist?
- sich gut zusprechen, wenn Sie ängstlich sind?
- sich selbst verzeihen, wenn Sie etwas falsch gemacht haben?
- geduldig mit sich sind, wenn Sie nicht gleich zum Ziel kommen?
- Ihre Bedürfnisse ernst nehmen und gegebenenfalls auch gegen andere verteidigen?
- Tischkultur pflegen, auch wenn Sie allein essen?
- sich selbst auf die Schulter klopfen, wenn Sie etwas gut gemacht haben?
- sich hin und wieder etwas Schönes gönnen und sich selbst verwöhnen?
- usw.

Wir neigen dazu, uns selbst so zu behandeln, wie andere uns während unserer Kindheit behandelt haben. Wir schauen uns von ihnen ab, wie mit uns umzugehen ist und imitieren dann ihren Umgangsstil. Waren wir wichtig und liebenswert in den Augen der anderen, dann nehmen wir uns später selbst ebenfalls ernst und gehen fürsorglich mit uns um. Haben wir hingegen keine liebevolle Behandlung durch die anderen erfahren, übernehmen wir deren Lieblosigkeit.

Sie können jederzeit beschließen, einen liebevollen Umgangsstil mit sich selbst zu pflegen. Stellen Sie sich einfach vor, Sie hätten einen warmherzigen und wohlwollenden Freund in sich. Fragen Sie sich immer wieder, ganz besonders in schwierigen Situationen, was Ihr freundlicher Gefährte wohl jetzt zu Ihnen sagen und was er Ihnen raten würde. Versuchen Sie sich so konkret wie möglich vorzustellen, wie er zu ihnen spricht, mit warmer Stimme, beruhigend, anerkennend und freundlich. Sie können ihm (oder ihr) einen Namen geben, wenn Sie mögen. Hauptsache, Sie haben ein klares Bild von Ihrer liebevollen inneren Begleitung und konsultieren sie möglichst oft.

Mit der Zeit werden Sie sich angewöhnen, netter zu sich selbst zu sein. Das hat nicht nur den Vorteil, dass Sie auf diese Weise mehr Selbstachtung aufbauen, sondern darüber hinaus auch immer wohlwollender mit Ihren Mitmenschen umgehen können. Das wiederum macht Sie attraktiver für Ihre Umgebung. Man wird Sie nun mehr zu schätzen wissen, was ebenfalls vorteilhaft für Ihre Selbstachtung sein dürfte. Sie können also nur gewinnen, wenn Sie freundlich mit sich selbst verfahren!

Die Wahrnehmung entzerren

Der Mangel an Selbstachtung und Selbstvertrauen geht in der Regel mit einer systematischen Verzerrung der Wahrnehmung einher. Die Betroffenen nehmen vor allem das an sich wahr, was das negative Selbstbild bestätigt. Positive Aspekte des Selbst werden kaum oder gar nicht wahrgenommen. Gleichzeitig fallen alle Interpretationen des eigenen Verhaltens tendenziell entwertend aus. Die Betroffenen verhalten sich übertrieben selbstkritisch. Auch kleine Fehler und Missgeschicke dienen ihnen als Beweis für ihre grundsätzliche Unzulänglichkeit. Wenn ihnen etwas gut gelingt, betrachten sie ihren Erfolg als Zufallstreffer und rechnen nicht damit, dass sich derlei wiederholen wird. Sie machen sich einerseits selbst für alle Misserfolge verantwortlich, betrachten sich andererseits aber nicht als Urheber ihrer Erfolge. Auf dieser Basis wird jedes Gefühl von Stolz unmöglich.

Eine solche Wahrnehmung muss zwangsläufig das negative Selbstbild bestätigen und verstärken. Sie entbehrt jeder Logik und ist lediglich das Ergebnis eines fehlgeleiteten Lernprozesses. Hier muss und kann umgelernt werden!

Es gibt viele Möglichkeiten, den Blick zu entzerren. Sie könnten damit beginnen, Ihr Augenmerk einmal gezielt auf Ihre Kompetenzen zu richten. Notieren Sie dazu drei Ihrer positiven Eigenschaften und belegen jede davon mit drei konkreten Beispielen. Das sieht dann in etwa so aus:

Meine guten Eigenschaften	Beweise
Großzügigkeit	Ich habe Ingo verziehen, dass er unsere Verabredung vergessen hat
	Ich habe spontan Geld gespendet
	Ich habe es Mia nachgesehen, dass sie den ganzen Abend nur von ihrem Treckingausflug erzählt hat
Disziplin	Ich achte auf mein Gewicht
	Ich bin neulich länger im Büro geblieben, obwohl das Wetter so schön war
	Ich kann gut mit Geld umgehen und Spontankäufen widerstehen

Diese Übung ist geeignet, Ihnen unzweifelhaft Ihre guten Seiten vor Augen zu führen. Sie können aber auch sehr viel erreichen, indem Sie ein Erfolgstagebuch führen:

Notieren Sie jeden Abend nur zwei Minuten lang, was Ihnen an diesem Tag gut gelungen ist! Denken Sie dabei vor allem an die kleinen Erfolge. Es geht nicht um spektakuläre Handlungen, sondern um die zahlreichen täglichen Herausforderungen, die Sie mit Geschick gemeistert haben. Solche Erfolgstagebücher haben nachgewiesenermaßen eine große Wirkung auf die Selbstwahrnehmung. Der Vorteil eines Erfolgstagebuchs liegt darin, dass Sie jeden Tag Ihren Blick für die eigene Kompetenz schärfen und auf diese Weise konsequent der beschriebenen Wahrnehmungsverzerrung entgegenwirken.

Ressourcen erkennen und nutzen

Ressourcenbewusstsein ist überaus wichtig für das Selbstvertrauen. Je klarer Sie sich über Ihre Ressourcen sind, desto mehr werden Sie sich zutrauen. Und je mehr Sie sich zutrauen, desto mehr Erfahrungen werden Sie machen. Je erfahrener Sie sind, desto mehr Erfolge können Sie verzeichnen und haben jeden Grund, stolz auf sich zu sein.

Ressourcen können sehr unterschiedlicher Natur sein: Ihre Talente und Leidenschaften gehören dazu, Ihre Erfahrungen, Charaktereigenschaften wie beispielsweise Mut, Fantasie oder Disziplin, Ihre Freunde, Ihr Netzwerk und vieles mehr. Meist betrachten wir all das als Selbstverständlichkeit und machen uns keine Gedanken darüber, wie wir unsere Ressourcen gezielt einsetzen können. Wenn Sie dazu neigen, Ihre Ressourcen zu übersehen, kann Ihnen folgende Übung nützlich sein:

Erinnern Sie sich an eine Herausforderung, die Sie mit Bravour gemeistert haben. Das kann beispielsweise eine schwierige Prüfung gewesen sein oder eine Krise, die Sie überwunden haben. Als nächstes machen Sie eine Liste der Ressourcen, die es Ihnen ermöglicht haben, in der betreffenden Situation erfolgreich zu sein. Hier ein Beispiel:

Ereignis	Meine Ressourcen
Ich habe mit meinen Freunden eine Radtour durch die Alpen unternommen	Ich habe Durchhaltevermögen
	Ich bin mutig
	Ich habe Teamgeist
	Ich bin zielstrebig
	Ich kann mit wenig auskommen. Usw

Je gründlicher Sie nach Ihren Ressourcen fahnden, desto mehr werden Sie finden. Damit steigt Ihr Selbstvertrauen. Zudem können Sie Ihre Ressourcen bei der nächsten Herausforderung bewusster und gezielter einsetzen. Sie werden in der Lage sein, Ihre Aufgaben planvoller und systematischer in Angriff zu nehmen. Sie werden sich zuversichtlicher fühlen. Damit erhöhen Sie Ihre Erfolgsaussichten und haben schließlich Anlass, stolz auf sich zu sein.

Die eigene Geschichte annehmen

Die eigene Vergangenheit stellt für viele Menschen einen Anlass zum Klagen dar. Manch einer wünscht sich, er hätte andere Startbedingungen gehabt, eine andere Familie, ein anderes Umfeld, bessere Chancen, mehr Unterstützung, kurz: ein anderes Schicksal. Andere bedauern, dass es ihnen an bestimmten Talenten fehlt. Sie vergleichen sich mit Talentierteren und fühlen sich benachteiligt. Wieder andere werfen sich vor, einen großen Fehler gemacht zu haben wie beispielsweise die falsche Berufs- oder Partnerwahl.

Vermutlich gibt es in jeder Vita etwas, das man sich anders wünschen würde, wenn man denn die Möglichkeit hätte, die Vergangenheit noch einmal zu durchleben. Je mehr wir versucht sind, die eigene Geschichte zu bedauern, desto schlechter ist es um unsere Selbstachtung bestellt.

Es macht keinen Sinn, dass wir Zeit und Energie auf den Wunsch verschwenden, wir wären jemand anders, hätten ein anderes Schicksal und eine andere Geschichte. Das ist nicht nur unrealistisch und müßig; vielmehr ist es gefährlich, weil wir dann die Chancen übersehen, die unser tatsächliches Schicksal bereithält. Wer mit seiner Vergangenheit hadert, versperrt sich selbst den Zugang zu all den Ressourcen, die in der eigenen Geschichte stecken.

Sie sind in Ordnung so, wie Sie sind. Geben Sie jegliches Bedauern auf! Machen Sie sich stattdessen daran, Ihre Chancen aufzuspüren, Ihr Potenzial mit Energie und Freude zu entwickeln! Wenn Ihnen das gelingt, dann werden Sie weiter kommen, als Sie es je für möglich gehalten hätten. Es steckt genug in Ihnen, sodass Sie andere nicht zu beneiden brauchen und sich auch nicht für benachteiligt halten müssen.

Machen Sie niemals den Fehler zu denken, Sie wären ein Opfer der Umstände, Ihrer Gene, des Schicksals oder anderer Faktoren, auf die Sie keinen Einfluss haben. Denn alles, was Sie erleben, kann Ihnen zur Ressource werden. Sie haben immer die Freiheit, Ihr Denken und Ihr Verhalten zu wählen. Sie können in jeder Situation entscheiden, ob Sie die Dinge für oder gegen sich arbeiten lassen wollen.

Seien Sie sich im Klaren darüber, dass auch in Ihren negativen Erfahrungen ein großes Potenzial liegt. Wenn Sie beispielsweise als Kind körperlich misshandelt worden wären, könnten Sie daraus lernen, was Gewalt bedeutet und Sie könnten diese Erkenntnis für sich und andere nutzbar machen. Hätten Sie den falschen Partner geheiratet, wäre das eine Chance, etwas über sich selbst und über Beziehungen zu lernen. Würde es Ihnen an äußerlicher Attraktivität mangeln, wäre dies ein Anlass, andere Möglichkeiten der Attraktivität zu entwickeln wie z. B. Humor oder ein besonders liebenswürdiges Wesen.

Es lässt sich aus allem Gewinn ziehen, wenn Sie denn bereit dazu sind. Lassen Sie sich nicht durch Ihr Schicksal oder die Umstände einschränken. Stoppen Sie Gedanken wie „Wenn doch nur…" sofort! Denn alle Ihre Erfahrungen, auch die negativen, sind wertvoll und können Ihnen nützlich sein. Diese sind möglicherweise sogar in Ihrer Enttäuschung, Ihrem Bedauern oder Ihrer Ablehnung begründet. Schauen Sie genau hin: es liegt ein versteckter Vorteil darin. Wenn Sie ihn erst erkannt haben und Gebrauch davon machen, können Sie Ihre Geschichte akzeptieren und stolz auf sich sein.

Den inneren Kritiker bändigen

Der innere Kritiker ist eine Instanz in uns, die als Verhaltenskorrektiv dient. Er beobachtet uns und bewertet jedes Verhalten. Seine Aufgabe besteht darin, das Verhalten zu optimieren, damit wir ein gutes Leben haben. Er will sicherstellen, dass uns nichts Schlimmes widerfährt. Wenn Sie also beispielsweise im Kollegenkreis eine Ungeschicklichkeit begehen, wird Ihr innerer Kritiker sich melden und Sie darauf hinweisen, dass Sie sich anders verhalten müssen, weil man Ihnen sonst möglicherweise Ressentiments entgegenbringen wird.

Oftmals entwickelt der innere Kritiker jedoch einen ungesunden Übereifer. Dann wirkt er zerstörerisch auf das Selbstwertgefühl. Er kritisiert ständig, urteilt hart und verlangt Perfektion. Er stellt vorwiegend Vergleiche nach oben an. Damit ist die Selbstachtung gefährdet. Denn der innere Monolog ist vor allem auf die eigenen Fehler und Unzulänglichkeiten konzentriert.

Wenn Sie solch einen Kritiker bändigen wollen, besteht der erste Schritt darin, sich seiner Existenz bewusst zu werden. Sie müssen ihm auf die Spur kommen. Das gelingt am besten, wenn Sie Ihren inneren Monolog aufmerksam verfolgen. Wie sprechen Sie mit sich selbst, wenn Ihnen beispielsweise eine kleine Ungeschicklichkeit passiert? In welchem Kontext wollen Sie unbedingt alles richtig machen? Wofür schämen Sie sich? Was genau sagt Ihr innerer Kritiker, wenn Sie seine Ansprüche nicht erfüllen?

Am wirksamsten begegnen Sie Ihrem Kritiker anschließend, indem Sie ihm widersprechen und seine überzogenen Ansprüche nicht gelten lassen. Sie können die übertriebene Selbstkritik beispielsweise mit einem lauten „Stopp!" beenden. Stellen Sie den Ge- und Verboten Ihres Kritikers eine ausdrückliche Erlaubnis entgegen. „Doch, ich darf ….!" Es kann auch sehr effektiv sein, wenn Sie ihm mit einer Bestätigung Ihres eigenen Wertes antworten, z. B.: „Ich bin völlig in Ordnung, wie ich bin." Oder: „Das ist doch ganz natürlich." Sie können zwar nicht verhindern, dass sich Ihr innerer Kritiker immer wieder zu Wort meldet, denn er wurde höchstwahrscheinlich über viele Jahre kultiviert. Aber Sie können ihm auf jeden Fall seine zerstörerische Macht nehmen. Wenn Sie ihm konsequent Grenzen setzen, werden sich mit der Zeit Ihre Denkgewohnheiten verändern. Sie beginnen, toleranter und freundlicher mit sich selbst umzugehen. Zwar ist die Fähigkeit zur selbstkritischen Betrachtung unverzichtbar. Sie sollte jedoch nie die Selbstachtung schädigen, sondern immer hilfreich und konstruktiv sein. Wir dürfen dem inneren Kritiker nicht erlauben, uns die Freude am Tun und den Stolz darauf zu nehmen.

Glaubenssätze überprüfen

Vom Beginn unseres Lebens an machen sich die anderen ein Bild von uns. Sie kommunizieren es unvermeidlich durch ihr Verhalten und ihre Worte. So erfahren wir beispielsweise, dass wir toll basteln können, zu anhänglich sind, immer mit dem Kopf durch die Wand wollen, viel Mut besitzen aber leider keinerlei musikalische Begabung. Wir erhalten viele solcher Rückmeldungen und da wir in jungen Jahren noch unerfahren sind, können wir dem Urteil der Erwachsenen nichts entgegensetzen. Uns bleibt nichts anderes übrig, als das Bild, das die anderen sich von uns gemacht haben, zu übernehmen. Ihre Botschaften treffen uns mitten ins Herz. Mit der Zeit vergessen wir völlig, woher diese Botschaften ursprünglich kamen und dass sie nicht dem eigenen Urteil entspringen. Sie werden zum selbstverständlichen Teil unseres Selbstbildes. Diese sogenannten Glaubenssätze können sehr mächtig werden und unser Schicksal bestimmen. Sie pflegen sich selbst zu bestätigen.

Wenn wir Glück haben, verschaffen die Glaubenssätze uns Chancen. „Ich bin sehr tüchtig." oder „Ich habe anderen Menschen viel zu geben." sind Beispiele für ermutigende Glaubenssätze, die beflügeln. Sie führen zu positiven Erfahrungen, die uns stolz machen können. Aber es gibt auch Überzeugungen, die sich weniger günstig auswirken: „Ich bin in praktischen Dingen immer so ungeschickt.", „Ich habe nichts Interessantes zu sagen." sind Beispiele für einschränkende Glaubenssätze. Denn wenn ich mich für ungeschickt halte, meide ich alles, was Geschicklichkeit erfordert und werde deshalb keine Geschicklichkeit entwickeln. Wenn ich mich für uninteressant halte, mute ich mich anderen nicht gerne zu, werde daher weniger erleben und bin am Ende tatsächlich für andere uninteressant und langweilig. Meine Selbstachtung liegt am Boden.

Daraus ergibt sich eine Aufgabe: Wir müssen unsere Glaubenssätze mit Bedacht und Umsicht wählen. Nicht alles, was wir über uns glauben, ist angemessen und nützlich. Einschränkende Glaubenssätze müssen durch ermutigende ersetzt werden. Dabei geht es nicht in erster Linie darum, dass unsere Glaubenssätze den tatsächlichen Ist-Zustand beschreiben. Sie könnten beispielsweise den Glaubenssatz wählen: „Ich kann für andere Menschen sehr interessant sein, wenn ich will.“, obwohl Sie momentan eher den Eindruck haben, eine graue Maus zu sein. Aber Ihr neuer Glaubenssatz gibt Ihnen die Chance zur Veränderung. Was immer Sie glauben – Sie werden es im Nachhinein wahr machen. Deshalb gehen Sie bei der Wahl Ihrer Glaubenssätze sehr sorgfältig vor!

Oft fällt es schwer, die tief verwurzelten Glaubenssätze zu identifizieren. Sie sind uns im Laufe der Jahre allzu selbstverständlich geworden. Hier hilft es, sich selbst gut zu beobachten und das eigene Verhalten zu hinterfragen. Zum Beispiel: „Warum habe ich mich jetzt gerade eigentlich gerechtfertigt?“ Die Antwort könnte lauten: „Weil ich so daran gewöhnt bin, an allem schuld zu sein.“ Dahinter könnte der alte Glaubenssatz stecken: „Du machst aber auch immer alles falsch!“.

Versuchen Sie einmal, Ihren eigenen Glaubenssätzen auf die Spur zu kommen. Wenn Sie sich die impliziten Überzeugungen hinsichtlich Ihrer Person bewusst gemacht haben, können Sie sie einer Prüfung unterziehen und gegebenenfalls korrigieren. Achten Sie dabei unbedingt darauf, sich Chancen zu geben, statt sich Chancen zu nehmen! In der folgenden Tabelle finden Sie ein paar Beispiele dafür, wie diese Arbeit aussehen könnte.

Glaubenssatz	Beschränkung	Neuformulierung
Ich kann sehr witzig sein	Keine	Nicht nötig
Ich bin oft schwer von Begriff	Ich versuche erst gar nicht, komplexe Zusammenhänge zu erfassen	Wenn ich mich bemühe, kann ich auch komplexe Zusammenhänge begreifen
Ich bin solch ein Feigling	Ich traue mir zu wenig zu, ich meide Risiken und setze meine Ziele zu niedrig	Ich kann den Helden in mir wecken und mutiger werden

Lebensregeln verändern

Aus den negativen Glaubenssätzen werden meist unbewusst Lebensregeln abgeleitet. Sie sollen verhindern, dass wir in Situationen geraten, die unsere vermeintliche Wertlosigkeit offenbaren und deshalb schmerzvoll für uns sind. Diese Lebensregeln stellen die Beschränkung dar, die durch den Glaubenssatz entsteht.

Wer beispielsweise überzeugt davon ist, er sei dumm, wird daraus unbewusst die Regel ableiten: „Ich muss Herausforderungen meiden.“. Wer sich für unattraktiv hält, wird daraus schließen: „Ich muss alles daran setzen, gut auszusehen.“ Oder wer davon überzeugt ist, nicht liebenswert zu sein, lebt nach der Regel: „Ich muss mir Liebe verdienen, indem ich immer für die anderen da bin.“

Bis zu einem gewissen Grad funktionieren diese Lebensregeln gut und schützen tatsächlich vor der schmerzhaften Erfahrung der Minderwertigkeit. Sie haben jedoch Nachteile:

- Sie stellen lediglich eine Notfallstrategie dar und sind nicht geeignet, das angeschlagene Selbstwertgefühl zu reparieren.
- Das daraus resultierende Verhalten ist angstmotiviert. Das führt zu permanenter Anspannung.
- Die Betroffenen schränken ihr Verhaltensspektrum stark ein.
- Die Lebensregeln stellen unrealistisch hohe Anforderungen, die nicht in jeder Situation zu erfüllen sind. Das bedeutet: In dem Moment, in dem die Betroffenen ihre Lebensregel brechen, aktivieren sie damit sofort wieder das negative Urteil über die eigene Person. Der Schutzschild der Lebensregeln ist also löchrig.

Letzten Endes werden Lebensregeln deshalb zur Stabilisierung der Selbstzweifel führen. Die Betroffenen machen sie mit ihrem eigenen Verhalten unwiderlegbar.

Die Lösung besteht aus drei Schritten:

1. Die Lebensregeln können nur bearbeitet werden, wenn sie nicht unbewusst bleiben. Das erfordert eine gute Selbstbeobachtung. Versuchen Sie, Ihre Verhaltensmuster zu erkennen.
2. Die Ängste, die zur Etablierung der Lebensregeln geführt haben, sind unrealistisch und destruktiv. Sie sollten unbedingt hinterfragt werden, also z. B. „Wie kann ich eigentlich so sicher sein, dass mich alle verachten werden, wenn ich einen Zusammenhang nicht gleich verstehe?“, „Was könnte stattdessen passieren?“ usw.
3. Werden die eigenen Ängste derart in Frage gestellt, können Sie damit beginnen, mit neuen Verhaltensweisen zu experimentieren. Es geht darum, neue Erfahrungen zu machen und die eigenen Ängste einem Realitätstest zu unterziehen. Auf diese Weise können Sie zu neuen und sehr viel realistischeren Überzeugungen gelangen.

Sie können die Sache ganz planvoll angehen: Formulieren Sie zunächst Ihre negative Erwartung, z. B. „Wenn ich meine Schwäche zugebe, werden mich alle verachten.“ Dann suchen Sie sich eine Alternative zum gewohnten Sicherheitsverhalten und brechen bewusst Ihre Lebensregel, z. B. indem Sie zugeben, etwas nicht verstanden zu haben und Ihren Kollegen bitten, es Ihnen zu erklären. Registrieren Sie anschließend sorgfältig die Reaktion Ihrer Umgebung, also z. B. dass der

Kollege Ihnen freundlich den betreffenden Zusammenhang erklärt. Damit hat sich Ihre negative Vorhersage als unzutreffend erwiesen. Planen Sie viele solch kleiner Experimente, machen Sie neue Erfahrungen und seien Sie stolz darauf! Schließlich werden Ihre einschränkenden Lebensregeln der Vergangenheit angehören.

Schwankungen der Selbstachtung aushalten

Wir können uns das Selbstwertgefühl und die Selbstachtung als Kontinuum vorstellen. Am unteren Ende befinden sich Personen, deren Selbstzweifel allgegenwärtig sind. Schon geringfügige Anlässe lösen quälende Selbstkritik aus und erzeugen ein Gefühl der Unzulänglichkeit. Am oberen Ende des Kontinuums stehen diejenigen, die nur unter sehr spezifischen Bedingungen an sich zweifeln. Sie sind grundsätzlich zuversichtlich und werden durch ihre Selbstzweifel nicht in ihrem Handeln behindert. Ihre Angst, nicht zu genügen, verflüchtigt sich meist rasch. Die meisten von uns befinden sich irgendwo dazwischen.

▶ Tatsächlich erleben wir alle hin und wieder Selbstzweifel und oftmals ist das Selbstvertrauen auch eine Frage der Tagesform. Wir können derartige Schwankungen nicht grundsätzlich verhindern. Wir können aber immerhin lernen, geschickt damit umzugehen. Negative Gedanken lassen sich kontrollieren. Wir sind nicht gezwungen, uns von ihnen bestimmen zu lassen.

Seien Sie sich im Klaren darüber, dass Gedanken so wenig real sind wie Träume. Denken ist immer ein schöpferischer Prozess. Sie selbst sind der Urheber Ihrer Gedanken. Wenn Sie sich das klarmachen, dann können Sie Distanz zu Ihren eigenen entwertenden Gedanken schaffen und sind ihnen nicht länger ausgeliefert. Sie entscheiden selbst, wie viel Aufmerksamkeit Sie Ihren unproduktiven Selbstzweifeln schenken wollen. Sie können ohne weiteres beschließen, Ihre Selbstzweifel nicht so ernst zu nehmen und sie einfach vorbeiziehen zu lassen wie Blätter auf einem Fluss. Je weniger Beachtung Sie ihnen schenken, desto weniger Macht gewinnen sie über Ihre Seele.

Verantwortung übernehmen und genießen

So lange Sie emotional von der Bestätigung Ihrer Umgebung abhängig sind, können Sie nicht selbstbestimmt leben. Für ein erfülltes Leben mit Freude und Stolz ist Abgrenzung nötig. Sie müssen in der Lage sein, eigene Wege zu beschreiten, ohne Angst und ohne Schuldgefühle.

Um sich von der Bewertung durch Ihre Umgebung so unabhängig wie möglich zu machen, brauchen Sie zunächst einmal eigene Maßstäbe für Ihr Verhalten

(s. o.). Sie müssen in der Lage sein, Ihr Handeln selbst einzuschätzen und dürfen sich nicht zu leicht vom Urteil Ihrer Mitmenschen irritieren lassen. Manchmal gilt es, Widersprüche auszuhalten, denn Ihr eigenes Urteil wird immer wieder von dem der anderen abweichen. Lassen Sie sich nicht zu schnell verunsichern! Ihre Umgebung kann gar nicht wissen, was zu Ihnen passt und für Sie das Beste ist. Prüfen Sie die Meinung der anderen nüchtern und entscheiden dann, wie Sie verfahren wollen. Zuweilen lässt sich keine Einigkeit herstellen. Dann müssen Sie einfach damit leben, dass jemand unzufrieden mit Ihnen ist oder den Kopf über Sie schüttelt. Was soll's?! Andere sind auch nicht schlauer als Sie und für „richtiges" Leben und Verhalten gibt es keine allgemeingültigen Maßstäbe.

Lassen Sie sich die Verantwortung für Ihre Entscheidungen nicht aus der Hand nehmen! Leben Sie Ihr Leben nach Ihren eigenen Vorstellungen. Haben Sie keine Angst davor, dass Sie dann nicht immer überall hineinpassen. Das ist nur natürlich. Verlassen Sie sich darauf, dass Sie immer genau die Menschen anziehen werden, die zu Ihnen passen.

Es gibt keine akzeptable Alternative zu Ihren eigenen Entscheidungen. Sie sollten Ihre Bedürfnisse ernst nehmen und sich um sich selbst kümmern. Nur so lässt sich sicherstellen, dass Sie bekommen, was Sie brauchen und ein Leben haben, das zu Ihnen passt. Sie werden selbstverständlich auch Fehlentscheidungen treffen. Es gibt keine Entwicklung ohne Experimente und den Mut zum Entdeckertum. Daher steht es Ihnen zu, eigene Fehler zu machen und eigene Schlüsse daraus zu ziehen. Auf diese Weise entstehen dann auch Ihre ganz eigenen Erfolge, auf die Sie stolz sein können. Vielleicht werden sie sogar zum Vorbild und können andere Menschen inspirieren.

Selbstverantwortung bedeutet Freiheit. Dazu müssen Sie die Angst abwerfen. Wenn Sie das schaffen, wenn Sie Ihr Leben selbstbestimmt führen und sich nicht länger an den Erwartungen oder Vorgaben der anderen orientieren, dann erst werden Sie sich wirklich lebendig fühlen.

3.2 Das Handeln ändern

Angemessene Ziele wählen

Im ersten Kapitel war die Rede davon, dass Menschen mit vielen Selbstzweifeln dazu neigen, ihre Ziele zu hoch oder zu niedrig zu setzen. Überaus ehrgeizige Ziele sollen die Selbstachtung stärken, zu niedrige Ziele sollen Sicherheit geben. Beides ist unangemessen. Ziele sollten überhaupt nicht in den Dienst des Selbstwertgefühls gestellt werden, sondern einem inneren Interesse an der Sache selbst entspringen.

Am befriedigendsten sind Ziele, die wir um ihrer selbst willen anstreben. Die Stärkung der Selbstachtung kommt dann eher en passant zustande, so wie sich der Erfolg eher beiläufig einstellt, wenn wir uns einer Sache widmen. Es geht um Freude, um Hingabe, um ein inneres Drängen. Sie führen letzten Endes zu großer innerer Befriedigung. Die Geschichte kennt viele Beispiele für Menschen, die zu ihrer Zeit nicht anerkannt waren und dennoch Großartiges geleistet haben. Sie sind ihrem inneren Drängen gefolgt und haben sich durch die entmutigenden Reaktionen ihrer Umgebung nicht davon abhalten lassen zu tun, was ihnen am Herzen lag. Es ging ihnen nicht um Sicherheit oder darum, andere zu beeindrucken. Johann Gregor Mendel (Vererbungsgesetze), Konrad Zuse (hat den ersten frei programmierbaren Rechner entwickelt) oder Rosalind Franklin (Entdeckung der DNA-Struktur) seien hier stellvertretend genannt für all die verkannten Pioniere, Erfinder, Denker und Visionäre. Sie haben uns allen große Dienste erwiesen. Die verdiente Anerkennung wurde ihnen jedoch vorenthalten.

Wenn Sie also Ihre Ziele definieren, dann konzentrieren Sie sich auf Dinge, die Ihnen wirklich am Herzen liegen. Damit schaffen Sie einerseits ein Maximum an Befriedigung. Andererseits erhöhen Sie so Ihre Erfolgsaussichten und die Chance, am Ende Grund zum Stolz zu haben.

So tun, als ob

Der in Kap. 2 bereits erwähnte Psychologe William James formulierte ein einfaches und überaus wirkungsvolles Gesetz: „Wenn du eine bestimmte Eigenschaft haben willst, handle so, als ob du sie schon hättest." Sie können zwar kein Selbstwertgefühl einstudieren oder vortäuschen, aber Sie können Erfahrungen mit Verhaltensweisen machen, die selbstbewusste Menschen auszeichnen. Auf diese Weise erhalten Sie einen Eindruck davon, wie sich Selbstachtung anfühlen kann und sie durchbrechen alte Muster. Stück für Stück kommen Sie so Ihrer Selbstachtung näher.

Selbstbewusste Menschen verhalten sich anders als Menschen mit vielen Selbstzweifeln. Die Selbstbewussten bewegen sich beispielsweise anders: Sie haben eine aufrechte Körperhaltung, bewegen sich zügig und lassen beim Gehen die Arme locker schwingen. Durch eine veränderte Körperhaltung können Sie Ihre Gefühle beeinflussen. Die Veränderung ist sogar chemisch nachweisbar. Probieren Sie es aus: Achten Sie z. B. einmal bewusst darauf, sich aufrecht zu halten und beobachten Sie, was dabei mit Ihren Gefühlen passiert.

Ebenso können Sie konkrete Verhaltensweisen selbstbewusster Menschen imitieren. Selbstbewusste gehen beispielsweise auf andere zu, sie haben keine Angst vor Zurückweisung. Sie können sich abgrenzen und eine Bitte ablehnen. Sie sind bereit, sich auf Neues einzulassen und fürchten sich nicht vor Misserfolg und Blamage. All diese und ähnliche Verhaltensweisen könnten Sie ausprobieren, um Ihre

Selbstachtung zu steigern. Beobachten Sie doch einmal die Menschen in Ihrer Umgebung, die selbstbewusst wirken. Wählen Sie ein Verhaltensmuster aus und machen es den Selbstbewussten nach. Betrachten Sie das Ganze als Spiel und tun Sie einfach so, als wären Sie frei von Selbstzweifeln. Beginnen Sie mit kleinen Dingen. Sie werden merken, dass es gar nicht so schwer ist, selbstbewusst aufzutreten. Am Ende werden Ihnen die neuen Verhaltensweisen zur Selbstverständlichkeit und Sie fühlen sich genauso, wie Sie agieren.

Herausforderungen suchen
Die beste Möglichkeit, um sich wirklich lebendig zu fühlen, besteht darin, sich einzulassen. Die Vielfalt des Lebens ist unermesslich groß und keiner von uns wird je genug Zeit haben, um all die Möglichkeiten auch nur annähernd auszuschöpfen. Wir können also jeden Tag etwas Neues entdecken, neue Erfahrungen machen, aufregende und bereichernde Dinge erleben. Wen kümmert da das Selbstwertgefühl?! Indem Sie sich mit Ihren Selbstzweifeln befassen, vergeben Sie Chancen, etwas Spannendes und Interessantes zu erfahren. Welch ein Verlust!

Was wäre, wenn Sie heute mal alle Selbstzweifel fahren ließen? Wenn Sie Ihre Gedanken stattdessen auf Ihre Möglichkeiten lenkten? Wenn Sie sich einfach einließen, ohne auch nur einen einzigen Gedanken daran zu verschwenden, ob Ihr Handeln erfolgreich wird oder was andere davon halten? Dann wären Sie wie Astrid Lindgrens Lotta, die jeden Tag neue Herausforderungen sucht. Sie probiert Neues aus, weil das so lustvoll und prickelnd ist. Lotta findet das Leben spannend. Sie kann es beim Aufstehen kaum erwarten herauszufinden, wie die Dinge funktionieren und wie Sie selbst damit zurecht kommt. Lotta ist von Natur aus Forscherin. Sie selbst waren früher einmal genauso und Sie können sich diesen Teil Ihrer Natur zurückerobern. Suchen Sie Herausforderungen, machen Sie Experimente, finden Sie heraus, was Sie alles können und wie die Dinge zusammenhängen. Das lohnt sich bereits im Kleinen, Sie brauchen sich dazu nicht notwendigerweise auf spektakuläre Abenteuer einzulassen. Finden Sie heraus, was das neue Betriebssystem alles kann, wie man einen Hefezopf backt oder was Sie von Ihrem indischen Kollegen alles lernen können. Derlei macht zum einen Freude und verleiht ein Gefühl von Lebendigkeit. Zum anderen werden Sie dabei unweigerlich Ihr Wissen und Ihre Kompetenzen erheblich erweitern und zunehmend Grund zum Stolz haben.

Fehler machen
Sobald Sie eine Herausforderung annehmen, werden Sie Fehler machen. Denn wenn Sie genau wüssten, was zu tun ist, wäre die betreffende Situation ja keine Herausforderung mehr. Indem Sie sich ungewohnten Ansprüchen stellen, betreten Sie Neuland und müssen sich dort erst zurechtfinden. Sie werden also zwangsläufig zunächst das eine oder andere falsch machen. Dies ist der Grund, warum

sich Menschen mit vielen Selbstzweifeln nicht auf Herausforderungen einlassen mögen: Sie gestehen sich keine Fehler zu, denn sie sehen darin eine Bestätigung ihrer grundsätzlichen Unzulänglichkeit. Das ist so schmerzhaft, dass sie Herausforderungen tendenziell meiden.

Aber was bedeutet es tatsächlich, wenn wir einen Fehler machen oder einen Misserfolg herbeiführen? In Wirklichkeit ergibt sich ein Misserfolg als natürliche Konsequenz einer bestimmten Handlungsweise. Ein Misserfolg ist nicht aus sich selbst heraus negativ, vielmehr liefert er eine interessante Information über Zusammenhänge. Wer klug ist, weiß diese Information zu nutzen und ändert sein Vorgehen entsprechend. Auf diese Weise wird es möglich, sich Schritt für Schritt dem gewünschten Ergebnis anzunähern. Demnach sind Fehler Trittsteine auf dem Weg zum Erfolg.

Hüten Sie sich davor, Ihre Fehler und Misserfolge falsch zu interpretieren! Sie stellen keinen Anlass für Scham und Schande dar, sie bezeugen vielmehr Mut und Risikofreude, Lebendigkeit und Unternehmungsgeist. Große Dinge lassen sich nie ohne Enttäuschung oder Niederlagen erreichen. Nichts kann lehrreicher sein als ein Misserfolg. Jede Lektion, die sich daraus gewinnen lässt, führt uns weiter.

Nicht der Misserfolg an sich ist das Problem, sondern die Bedeutung, die Sie ihm geben. Es ist nur eine unpassende Einstellung, die einen Misserfolg peinlich erscheinen lässt. Winston Churchill hatte eine recht sportliche Einstellung dazu und war überzeugt: „Eine erfolgreiche Person ist jemand, der von einem Misserfolg zum nächsten geht, ohne jemals seine Begeisterung zu verlieren."

Verzichten Sie bewusst auf den Versuch, alles richtig zu machen oder gar perfekt sein zu wollen! Perfektionismus adelt niemanden, sondern stellt lediglich den verzweifelten Versuch dar, der menschlichen Unvollkommenheit zu entgehen. Dieser Versuch ist nicht nur zum Scheitern verurteilt, sondern erzeugt hohe Kosten: Perfektionisten sind permanent angespannt, verzichten auf Chancen und verlieren sich im Detail. Wenn Sie sich dabei erwischen, Perfektionist sein zu wollen, dann halten Sie inne. Erlauben Sie sich Fehler. Sie können den Mut zum Misserfolg auch trainieren. Überlegen Sie sich beispielsweise drei kleine Risiken, die Sie noch diese Woche eingehen werden!

Ängste überwinden

Menschen mit vielen Selbstzweifeln werden vor allem von zwei Ängsten geplagt:

1. der Angst, nicht gut genug zu sein, vor aller Augen zu versagen und damit Beweise für die eigene Unzulänglichkeit zu liefern.
2. der Angst, dem Leben nicht gewachsen zu sein, sich nicht auf sich selbst verlassen zu können und deshalb schnell überfordert zu werden.

Zwar sind Ängste keineswegs grundsätzlich schlecht. Im Idealfall machen Sie auf reale Gefahren aufmerksam und bewahren vor Leichtsinn. Die durch unproduktive Selbstzweifel hervorgerufenen Ängste wirken sich jedoch nachteilig aus, weil sie lediglich das Handeln blockieren. Darüber hinaus führen sie zu Vermeidungsverhalten und stabilisieren auf diese Weise sogar die Selbstzweifel.

Das lässt nur einen Schluss zu: Wir dürfen uns durch derlei Ängste nicht bremsen lassen. „Have the fear and do it anyway!", schrieb die New Yorker Psychologin Susan Jeffers. Wenn Sie sich nicht lähmen lassen wollen, müssen Sie so handeln, als wären Sie nicht ängstlich.

Das ist zugegeben viel verlangt. Es gibt jedoch verschiedene Möglichkeiten, dem Dämon der Angst zu begegnen. Die folgenden Beispiele sollen Sie ermutigen, den Rat von Susan Jeffers zu beherzigen:

1. Sie können sich mit Ihrer Angst verbünden, sollte diese sehr heftig sein. Wenn Sie sich beispielsweise scheuen, in einer Besprechung in Anwesenheit des Vorgesetzten einen Vorschlag einzubringen, dann haben Sie möglicherweise Angst, den Ansprüchen des Chefs nicht gerecht zu werden. Das wäre für die Karriere möglicherweise von Nachteil. Die Lösung könnte darin liegen, dass Sie Ihre Idee zuvor mit jemandem besprechen, der keinen Einfluss auf Ihre Karriere hat. Indem Sie Ihren Vorschlag auf diese Weise „testen", nutzen Sie einen Schutzmechanismus und beschwichtigen damit den ängstlichen Teil Ihrer Persönlichkeit.
2. Sie können sich auch mental impfen, indem Sie sich das Schlimmste ausmalen, das passieren könnte, wenn Sie die betreffende Handlung ausführen. Dabei werden Sie höchstwahrscheinlich feststellen, dass der „worst case" nicht das Ende bedeutet und im Grunde gar nicht so katastrophal wäre. Sie kämen damit zurecht. Unsere Fantasien sind meist viel schlimmer als die Realität.
3. Sie sollten Ihre Ängste immer wieder hinterfragen. Im Englischen gibt es eine schöne Erklärung für das Wort „Fear": Es kann als Abkürzung gelesen werden für **F**alse **E**vidence **A**ppearing **R**eal. Prüfen Sie deshalb, wie groß die Gefahr tatsächlich ist. Wird Ihr Chef Sie wirklich aufs Abstellgleis stellen, weil ihm möglicherweise Ihr Vorschlag nicht gefällt? Werden alle Sie verachten, wenn Sie mit Ihrer Geschäftsidee scheitern? Wird niemand Sie mehr lieben können, nachdem Sie bestimmte Erwartungen nicht erfüllen wollen?

„Dem Mutigen gehört die Welt", sagt ein deutsches Sprichwort. Lassen Sie sich durch übertriebene Ängste nicht davon abhalten, ein Leben voller Stolz und Abenteuer zu führen!

Eigene Werte leben

Es gibt ein ganz einfaches Mittel, die Selbstachtung zu pflegen: Sie brauchen nur im Einklang mit Ihren eigenen Werten zu leben. Wenn Sie nämlich Ihr eigenes Handeln als wertvoll wahrnehmen, steigt damit automatisch auch Ihre Selbstachtung.

Leider nehmen sich Menschen mit geringer Selbstachtung meist selbst nicht wichtig genug, um ihren Werten Geltung zu verschaffen. Sie neigen eher dazu, sich den Erwartungen der anderen anzupassen. Das ist eine große Gefahr, denn die Umgebung unterstützt uns normalerweise nicht in unserer Selbstfindung. Jeder scheint etwas anderes mit uns vorzuhaben. Menschen, die auf Bestätigung von außen angewiesen sind, wissen deshalb oft nicht recht, wer sie eigentlich sind. Folglich sind sie sich auch ihrer Werte nicht ausreichend bewusst. Es gelingt ihnen nicht, sich unabhängig genug zu machen, um selbstbestimmt zu leben. Stattdessen lassen sie sich weitgehend fremdbestimmen, zeigen wenig Eigeninitiative und haben dann auch wenig, worauf sie wirklich stolz sein können.

Dieser Situation können Sie erfolgreich entgehen, wenn Sie sich stärker auf sich selbst konzentrieren. Sie brauchen zunächst ein Bewusstsein für Ihre Werte und Ideale. Welche Charaktereigenschaften schätzen Sie besonders? Welche Ihrer Handlungsweisen können Sie stolz machen? Wofür bewundern Sie andere? Fragen wie diese können Ihnen helfen, sich Klarheit über Ihre persönlichen Werte zu verschaffen. Im nächsten Schritt geht es um die konkrete Umsetzung Ihrer Werte. Wenn Ihnen beispielsweise „Bildung“ besonders wichtig erscheint, können Sie überlegen, wie Sie diesem Wert in Ihrem Leben mehr Bedeutung geben wollen. Was können Sie für Ihre eigene Bildung tun? Wie können Sie auf gesellschaftlicher Ebene zu mehr Bildung beitragen? Etc. Wenn Sie dann damit beginnen, Ihre Ideen umzusetzen, werden Sie sich gut fühlen und stolz auf sich sein. Handeln Sie stets so, dass Sie Ihr eigenes Tun aus ganzem Herzen bejahen können!

3.3 Beziehungen gestalten

Beziehungen sind sehr wichtig für das Selbstwertgefühl, weil andere Menschen uns spiegeln. Ihre Rückmeldung zeigt uns, wer und was wir sind. Auch wenn wir uns von der Meinung der anderen nicht abhängig machen dürfen, so kann doch keiner von uns vollkommen auf äußere Bestätigung verzichten. Wir brauchen Beziehungen, die uns nähren. In gesunden Beziehungen besitzen beide Partner ausreichend Selbstachtung, um innerlich stabil zu sein und den Beziehungspartner angemessen bestätigen zu können.

Auf andere zugehen

Menschen mit geringer Selbstachtung sind häufig zu schüchtern, um bei der Kontaktaufnahme die Initiative zu übernehmen. Schüchternheit stellt ein echtes Handicap dar. Die Betroffenen halten sich im Hintergrund und werden häufig kaum zur Kenntnis genommen. Auf diese Weise verpassen sie Chancen auf wertvolle Kontakte.

Selbstzweifel führen im sozialen Kontext zu verschiedenen Ängsten. Dazu gehört

- die Angst, nichts Interessantes zu sagen zu haben und als Kommunikationspartner unattraktiv zu sein
- die Angst, sich zu blamieren
- die Angst, unerwünscht zu sein
- die Angst, offen abgelehnt zu werden.

All diese Ängste entspringen der geringen Selbstachtung, und sie wirken blockierend. Die Betroffenen neigen dazu, sich auf wenige Kontakte zu vertrauten Personen zu beschränken und verhalten sich ansonsten sehr zurückhaltend, häufig sogar linkisch.

Mit einem Verhaltenstraining lassen sich diese Ängste jedoch überwinden. Sie können folgendes tun:

1. Machen Sie eine Liste all der sozialen Situationen, in denen Sie sich gehemmt fühlen.
2. Sortieren Sie diese Situationen nach der Intensität des damit verknüpften Unbehagens.
3. Beginnen Sie Ihr Training mit der am wenigsten unangenehmen Situation.
4. Üben Sie so lange, bis Sie sich in dieser Situation wohl fühlen.
5. Gehen Sie zur nächsten herausfordernden Situation über.

Es hilft auch, die eigene Einstellung zu überprüfen und sich einige Dinge nüchtern vor Augen zu führen:

1. Schüchternheit ist weit verbreitet. Fast jeder von uns kennt das Gefühl. Vermutlich überschätzen Sie die Gefahr der Zurückweisung. Denn es besteht eine hohe Chance, dass Ihr Gegenüber ein wenig schüchtern ist und sehr froh darüber, dass Sie die Initiative übernehmen. Ihr Kontaktangebot wird mit großer Wahrscheinlichkeit eher ein Gefühl der Dankbarkeit als der Ablehnung auslösen.

2. Wenn Sie zurückgewiesen werden, sagt das nichts über Sie aus. Es besteht keinerlei Anlass, die Zurückweisung persönlich zu nehmen. Lässt der andere sich auf Ihr Kontaktangebot nicht ein, heißt das nur, dass offenbar etwas nicht passt: Möglicherweise ist der Zeitpunkt ungünstig oder die Bedürfnisse Ihres Gegenübers sind andere als Ihre eigenen. Es gibt keinen logisch zwingenden Grund, die Ablehnung des anderen als Beweis für die eigene Unzulänglichkeit zu interpretieren.
3. Je mehr Sie Ihren Ängsten nachgeben und je stärker Sie sich im sozialen Kontext zurückhalten, desto größer wird Ihr Problem. Denn Sie sind dann ungeübt und unerfahren in der Kontaktgestaltung. Sie werden am Ende tatsächlich das, was zu sein Sie befürchten: uninteressant und unattraktiv für andere. Daher besteht Ihre einzige Chance darin, auf andere zuzugehen und den Kontakt zu suchen. Auf diese Weise können Sie Ihre sozialen Fertigkeiten trainieren und langfristig die Bestätigung gewinnen, die Sie brauchen. Ihr Leben wird in jeder Hinsicht reicher.

Bauen Sie sich ein Netzwerk auf und machen Sie es sich zur Gewohnheit, Ihre Kontakte zu pflegen. Sie erfahren dadurch nicht nur regelmäßig die nötige Bestätigung, sondern es entsteht auch ein existentiell wichtiges Gefühl von Zugehörigkeit und Geborgenheit. All das trägt wesentlich zu Ihrer inneren Stabilität bei.

Sich attraktiv machen

Wie schaffen Sie es, attraktiv für andere zu sein? Die französische Psychoanalytikerin Corinne Maier weist auf eine ernüchternde Tatsache hin: „Es ist eine Illusion zu glauben, man würde um seiner selbst willen geliebt, für das, was man ist…". Wir möchten so gern glauben, liebens- und bewundernswert zu sein oder es zumindest werden zu können. Aber dafür gibt es keinen objektiven Maßstab. Die Menschen um Sie herum beurteilen Sie vielmehr immer auf der Basis ihrer subjektiven Maßstäbe. Ob Sie von anderen positiv oder negativ gesehen werden, hängt ganz davon ab, was die anderen in Ihnen sehen. Die persönlichen Werte, Erwartungen und Bedürfnisse Ihrer Mitmenschen geben den Ausschlag für die Rückmeldungen, die Sie zu Ihrer Person erhalten.

Wenn Sie das verstanden und akzeptiert haben, eröffnen sich Ihnen zahlreiche Möglichkeiten, ohne großen Aufwand zum höchst attraktiven Interaktionspartner zu werden. Machen Sie sich folgende Tatsachen klar:

1. Menschen wollen genährt werden. Das bedeutet vor allem, sie wollen sich wahrgenommen und bestätigt fühlen.
2. Menschen sind sehr verletzlich. Die meisten von uns laufen mit einem beschädigten Selbstwertgefühl herum.

Wenn Sie attraktiv für andere sein wollen, müssen Sie diese Tatsachen berücksichtigen. Daraus ergeben sich konkrete Handlungsweisen für den Umgang mit Menschen. Z. B.:

- Befriedigen Sie das Bedürfnis der anderen nach Wahrnehmung, indem Sie sich nicht selbst zum Mittelpunkt machen. Zeigen Sie stattdessen deutlich erkennbar Interesse an Ihrem Gegenüber. Nichts ist unattraktiver als verzweifelte Bedürftigkeit. Würden Sie selbst zu viel Aufmerksamkeit beanspruchen, indem Sie beispielsweise nur von sich sprächen, würde man Ihnen bald aus dem Weg gehen. „Der Mensch, der sich für seine Mitmenschen nicht interessiert, hat im Leben die meisten Schwierigkeiten und fügt anderen am meisten Schaden zu.", schrieb Alfred Adler.
- Bestätigen Sie die anderen, indem Sie Ihnen Respekt zeigen. Dafür gibt es unzählige Möglichkeiten. Sprechen Sie beispielsweise Ihr Gegenüber mit seinem Namen an, machen Sie ein ehrlich gemeintes Kompliment.
- Kritisieren und bewerten Sie andere Menschen nicht. Wenn Sie selbst akzeptiert werden wollen, dürfen Sie Ihrem Gegenüber niemals das Gefühl vermitteln, nicht in Ordnung zu sein.
- Erzeugen Sie grundsätzlich positive Gefühle in anderen. Machen Sie anderen Mut, sprechen Sie über Fähigkeiten, nicht über Defizite, bringen Sie Ihr Gegenüber zum Lachen und achten Sie darauf, dass sich der andere bei der Verabschiedung immer gut fühlt. Denn der letzte Eindruck bleibt. Ihr Gegenüber wird das gute Gefühl mit Ihrer Person in Verbindung bringen.

Es gibt noch viele andere Möglichkeiten, sich dem Gegenüber angenehm zu machen. Entscheidend ist, dass Sie den Fokus auf die andere Person legen und nicht auf Ihre Selbstdarstellung oder Ihre Bedürfnisbefriedigung. Wenn Sie das schaffen, wird sich der andere im Gegenzug auch auf Ihre Bedürfnisse einlassen. Sie werden als attraktiver Interaktionspartner viel Bestätigung erhalten und bereichernde Beziehungen schaffen, die Sie nähren. Gleichzeitig werden Sie stolz auf sich sein, weil Sie merken, wie viel Sie anderen zu geben haben. Es liegt eine tiefe Befriedigung darin, anderen Menschen Gutes zu tun. „Geben ist seliger als Nehmen." Damit hat die Bibel in jeder Hinsicht Recht.

Wählerisch sein

Die geringe Selbstachtung führt nicht selten dazu, dass sich die Betroffenen zu billig verkaufen. Sie haben zu geringe Ansprüche an ihre Beziehungspartner. Sie halten so wenig von sich selbst und fühlen sich gleichzeitig so bedürftig, dass sie unkritisch sind und sogar eine schlechte Behandlung hinnehmen. Sie erlauben ihrem Gegenüber Gesten der Respektlosigkeit oder gar Lieblosigkeit, ohne sich zu wehren. Sie glauben, sie hätten nichts Besseres verdient oder haben Angst, der andere würde sie fallenlassen, wenn sie sich wehren.

Das ist fatal für die Selbstachtung. Denn eine geringschätzige Behandlung wird auf Dauer das Gefühl der eigenen Wertlosigkeit nur verstärken. Darum sollten Sie Menschen meiden, die anderen stets zu wenig Respekt zeigen. Im privaten Bereich ist es leicht, sich solchen Personen zu entziehen. Im beruflichen Umfeld kann es schwieriger werden, respektlosen Interaktionspartnern aus dem Weg zu gehen. Hier wird es nötig, sich Respekt zu verschaffen und ihn einzufordern. Eine praktische Hilfestellung sprengt den Rahmen dieser Darstellung, dafür empfehle ich u. a. unser früheres Buch „Alltagsintelligenz" (Lemper-Pychlau und Schneider-Blümchen 2013), insbesondere ab Kap. 14.

Ein anderes Problem besteht darin, dass Menschen mit geringer Selbstachtung sich gern mit Freunden umgeben, die ihnen unterlegen sind. Das hat zwei Gründe: Zum einen stellen solche Personen keine Konkurrenz dar. Sie können dem Betroffenen also nicht gefährlich werden, indem Sie seine Selbstzweifel verstärken. Zum anderen kann ein Mensch mit geringer Selbstachtung beim Vergleich mit einem Unterlegenen nur gewinnen. Er kann sich schmeicheln, nicht so defizitär zu sein wie sein Gegenüber. Eine derartige Beziehung ist dysfunktional und schadet beiden Seiten:

Der unterlegene Partner wird missbraucht und in den Dienst der Selbstachtung des anderen gestellt. „Man darf die anderen nicht zu Bausteinen des eigenen Lebens machen, zu Wasserträgern beim Rennen um die eigene Seligkeit.", mahnt Pascal Mercier völlig zu Recht. Der scheinbar überlegene Partner hingegen bringt sich selbst um die Chance, an Beziehungen zu wachsen und sich bereichern zu lassen.

Aus all dem lässt sich nur ein Schluss ziehen: Sorgen Sie für gesunde Beziehungen, indem Sie sehr sorgfältig sind bei der Wahl Ihrer Interaktionspartner und Freunde. Schaffen Sie nicht unbedacht dysfunktionale Muster. Seien Sie sich bewusst, dass Sie das Recht auf eine respektvolle Behandlung haben und auch jedem Ihrer Mitmenschen Respekt schulden. Machen Sie sich weder kleiner noch größer, als Sie sind.

Souverän mit Kritik umgehen

Menschen mit vielen Selbstzweifeln fürchten sich davor, von anderen kritisiert zu werden. Denn das käme der Bestätigung dessen gleich, was sie die ganze Zeit befürchten: nicht gut genug zu sein. Dieses Gefühl ist so schmerzlich, dass sie es vermeiden wollen. Manche passen sich deswegen an die Erwartungen Ihrer Umgebung an, andere meiden aus lauter Angst von vornherein den Umgang mit kritischen Menschen. Wieder andere reagieren hoch aggressiv auf Kritik, um ihr

Gegenüber einzuschüchtern und zum Schweigen zu bringen oder sie zeigen sich beim leisesten Anflug von Kritik so tief verletzt, dass der Kritiker Schuldgefühle bekommt und kein kritisches Wort mehr wagt.

Keine dieser Strategien stellt eine angemessene Reaktion auf Kritik dar. Sie alle verhindern den lebendigen Austausch. Dazu gehört auch, negatives Feedback auszuhalten, vielleicht sogar davon zu profitieren und in jedem Fall souverän damit umzugehen.

Das funktioniert leichter, wenn Sie sich folgendes klarmachen: Die Kritik Ihres Gegenübers entspringt immer seiner subjektiven Sichtweise. Er verkündet damit nicht „die" Wahrheit, sondern sagt lediglich etwas über seine eigene und ganz persönliche Wahrnehmung aus. Die Kritik ist also sein eigenes Machwerk, auch wenn er sie möglicherweise klingen lässt, als würde er ein objektives Urteil verkünden. Es gibt keine Instanz über uns, die objektive Maßstäbe für angemessenes Verhalten festlegt. Regeln werden immer von Menschen gemacht, und da ist der eine selten schlauer als der andere. Was in einer Gemeinschaft als „richtig" gelten soll, ist Verhandlungssache. Wenn Sie also kritisiert werden, sagt der Kritiker damit mehr über sich selbst aus als über Sie. Er präsentiert Ihnen seine Art der Wahrnehmung, die natürlich bestimmt ist von seinen Erwartungen, Werten, Bedürfnissen, Erfahrungen etc. Darin liegt nichts Bedrohliches. Man könnte sogar sagen: Er macht Ihnen das Geschenk einer anderen Sichtweise.

An Ihnen liegt es nun zu entscheiden, ob Sie sein Geschenk annehmen oder zurückweisen. Dazu müssen Sie es erst prüfen. Das bedeutet, Sie sollten sich interessiert und ohne Vorbehalte damit auseinandersetzen. Dazu können Sie Ihrem Gegenüber z. B. Fragen stellen. Nehmen Sie sich Zeit. Bleiben Sie auf jeden Fall gelassen und widerstehen Sie der Versuchung, sich zu rechtfertigen.

Kritik ist nichts, wovor Sie sich fürchten müssten. Andere Menschen betrachten die Welt eben mit anderen Augen als Sie selbst. Ganz gleich, wie Sie sich verhalten – es wird immer jemanden geben, dem das nicht gefällt. Manchmal kann Ihnen das kritische Feedback Ihrer Umgebung ein wertvoller Hinweis sein. Wann das der Fall ist, bestimmen Sie selbst.

Sich behaupten

In einer gesunden Beziehung befinden sich Geben und Nehmen in Balance. Menschen mit chronischen Selbstzweifeln neigen jedoch dazu, zu wenig auf ihre eigenen Bedürfnisse zu achten. Sie zweifeln, ob sie ein Recht auf bestimmte Ansprüche haben. Sie nehmen sich selbst zuweilen nicht ernst und wichtig genug, um ihre Interessen mit Nachdruck zu vertreten. Oder aber sie haben Angst, ihre Bedürfnisse zu äußern. Einigen ist es geradezu peinlich, etwas für sich selbst zu wollen. Sie befürchten, ein zu fordernder und egoistischer Beziehungspartner zu sein und dass sich der andere am Ende von ihnen abwenden könnte. Zudem wissen sie nicht, wie sie reagieren sollen, wenn ihr Gegenüber nicht gleich auf ihre Wünsche eingehen will. Sie fühlen sich einer möglichen Auseinandersetzung nicht gewachsen. Das führt schließlich dazu, dass Menschen mit Selbstzweifeln häufig zu kurz kommen. Sie geben mehr als sie bekommen und können ihre Bedürfnisse nicht ausreichend befriedigen.

Die Umgebung spürt diese Schwäche. Manch einem spielt sie in die Hände und er nutzt sie für sich aus, wohlwissend, dass er nicht mit Widerstand zu rechnen braucht. Denn Selbstzweifel erschweren die Abgrenzung. So wird die Balance zwischen Geben und Nehmen gestört. Das schadet den Betroffenen gleich zweifach: Denn sie werden nicht nur ausgenutzt, sondern dafür obendrein gering geschätzt. Oft dankt man ihnen nicht mal in angemessener Form. Das ist nicht überraschend: Wer sich erniedrigt, indem er zu Grenzüberschreitungen einlädt, braucht sich über den Mangel an Respekt nicht zu wundern. Hier bewahrheitet sich wieder einmal die Beobachtung von Knigge: „Jeder Mensch gilt in dieser Welt nur so viel, als wozu er sich selbst macht."

Da hilft nur eins: Die Betroffenen müssen ihre Einstellung ändern und lernen, Ihren Platz zu behaupten. Es ist in erster Linie eine Frage der inneren Haltung. Wie viel, glauben Sie, steht Ihnen zu? Wie wichtig sind Sie und was ist Ihre Rolle in dieser Welt?

Sie sind wie alle anderen ein Teil der menschlichen Gemeinschaft. Ihre Interessen bedeuten nicht weniger als die irgendeines anderen. Es gehört zu Ihren Rechten, dass man Sie als Person anerkennt, mit all Ihren Bedürfnissen, und Sie selbst sind dafür verantwortlich, gut für sich zu sorgen. Zu Ihren Pflichten gehört weiterhin, bei der Gestaltung des Zusammenlebens mitzuwirken. Sie dürfen sich als Mitglied der Gemeinschaft nicht teilnahmslos verhalten, sondern müssen mitentscheiden, Ihre Werte und Ihr Engagement einbringen. Übernehmen Sie diese Verantwortung, verschaffen Sie sich Gehör, füllen Sie Ihren Platz aus! Seien Sie aktiv, stets um das eigene Wohl und das der Gemeinschaft bemüht! Wo und wie auch immer Sie das tun – tun Sie es stets mit Selbstverständlichkeit und Würde.

Schlusswort

Am Ende unseres Lebens zählt nur, was wir getan, und nicht, was wir beabsichtigt oder wovon wir geträumt haben. Ich selbst träume von einer Welt, in der Menschen stark und selbstbewusst sind, sich gegenseitig ermutigen und inspirieren. Ich möchte erleben, wie Menschen Stolz empfinden und zugleich anderen neidlos Erfolge gönnen können; wie sie miteinander ihre Erfolge feiern und genießen, statt sich gegenseitig mit ihren Abwehrmechanismen das Leben schwer zu machen. Aber mein Traum wäre völlig bedeutungslos, wenn ich nicht etwas zu seiner Verwirklichung unternehmen würde. Dieses Buch ist ein Schritt, meinem Traum näher zu kommen. Und ich hoffe von ganzem Herzen, Sie lassen sich durch die Lektüre anregen und gewinnen schließlich ein wenig mehr Stolz und Lebensfreude.

„Die Welt gehört denen, die zu ihrer Eroberung ausziehen, bewaffnet mit Sicherheit und guter Laune." Machen Sie diese Worte von Charles Dickens zu Ihrem persönlichen Kompass! Gehen Sie furchtlos hinaus, verlieren Sie nicht zu viele Gedanken darüber, ob Sie das können oder dürfen. Genießen Sie einfach nur Ihre Eroberungen. Und seien Sie stolz auf sich!

M. Lemper-Pychlau, *Erfolgsfaktor gesunder Stolz,* essentials,
DOI 10.1007/978-3-658-11006-2

Was Sie aus diesem Essential mitnehmen können

- Ein fundiertes Verständnis der Bedeutung von Stolz und Selbstachtung
- Die Fähigkeit, Selbstzweifel und ihre Auswirkungen zu erkennen
- Das Bewusstsein für die Notwendigkeit, unproduktive Selbstzweifel zu beseitigen
- Die Kenntnis vieler Techniken zum Aufbau einer gesunden Selbstachtung
- Die Fähigkeit, das eigene Leben mit Freude und Stolz zu erfüllen

M. Lemper-Pychlau, *Erfolgsfaktor gesunder Stolz,* essentials,
DOI 10.1007/978-3-658-11006-2

Literatur

André C, Lelord F (2007) Die Kunst der Selbstachtung. Gustav Kiepenheuer, Leipzig
Lemper-Pychlau M, Schneider-Blümchen S (2013) Alltagsintelligenz. Springer Gabler, Wiesbaden
Lemper-Pychlau M (2015) Mehr erreichen. Springer Gabler, Wiesbaden

M. Lemper-Pychlau, *Erfolgsfaktor gesunder Stolz,* essentials,
DOI 10.1007/978-3-658-11006-2